外丹經匯編第一輯

蒲團子 編訂 龍靈 張莉瓊 參編

心一堂

書名：外丹經匯編第一輯
系列：存真書齋仙道經典文庫
編訂：蒲團子
參編：龍靈、張莉瓊
責任編輯：陳劍聰

出版：心一堂有限公司
地址／門市：香港九龍尖沙咀東麼地道六十三號好時中心LG 六十一室
電話號碼：+852-6715-0840　+852-3466-1112
網址：sunyata.cc
　　　publish.sunyata.cc
電郵：sunyatabook@gmail.com
網上書店：http://book.sunyata.cc
網上論壇：http://bbs.sunyata.cc/

版次：二零一五年五月初版
平裝

定價：港幣　一百四十八元正
　　　人民幣　一百四十八元正
　　　新台幣　五百九十八元正

國際書號：ISBN 978-988-8316-74-8

香港及海外發行：香港聯合書刊物流有限公司
地址：香港新界大埔汀麗路三十六號中華商務印刷大廈三樓
電話號碼：+852-2150-2100
傳真號碼：+852-2407-3062
電郵：info@suplogistics.com.hk

台灣發行：秀威資訊科技股份有限公司
地址：台灣台北市內湖區瑞光路七十六巷六十五號一樓
電話號碼：+886-2-2796-3638
傳真號碼：+886-2-2796-1377
網絡書店：www.bodbooks.com.tw
台灣讀者服務中心：國家書店
地址：台灣台北市中山區松江路二〇九號一樓
電話號碼：+886-2-2518-0207
傳真號碼：+886-2-2518-0778
網絡書店：http://www.govbooks.com.tw/

中國大陸發行・零售：心一堂書店
深圳地址：中國深圳羅湖立新路六號東門博雅負一層零零八號
電話號碼：+86-755-8222-4934
北京地址：中國北京東城區雍和宮大街四十號
心一店淘寶網：http://sunyatacc.taobao.com

善的十條真義

學理重研究不重崇拜
功夫尚實踐不尚空談
思想要積極不要消極
精神圖自立不圖依賴
能力宜團結不宜分散
事業貴創造不貴模仿
幸福講生前不講死後
信仰憑實驗不憑經典
住世是長存不是速朽
出世在超脫不在皈依

學理重研究不重崇拜
功夫尚實踐不尚空談
思想要積極不要消極
精神圖自立不圖依賴
能力宜團結不宜分散
事業貴創造不貴模仿
幸福講生前不講死後
信仰憑實驗不憑經典
住世是長存不是速朽
出世在超脫不在皈依
存真書齋

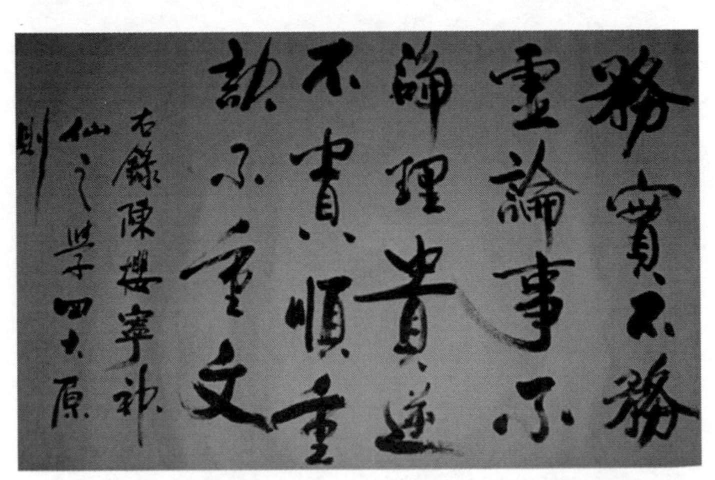
務實不務
虛論事不
論理貴逆
不貴順重
訣不重文
右錄陳攖寧神
仙之學四大原
則

神仙學術四大原則

務實不務虛

論事不論理

貴逆不貴順

重訣不重文

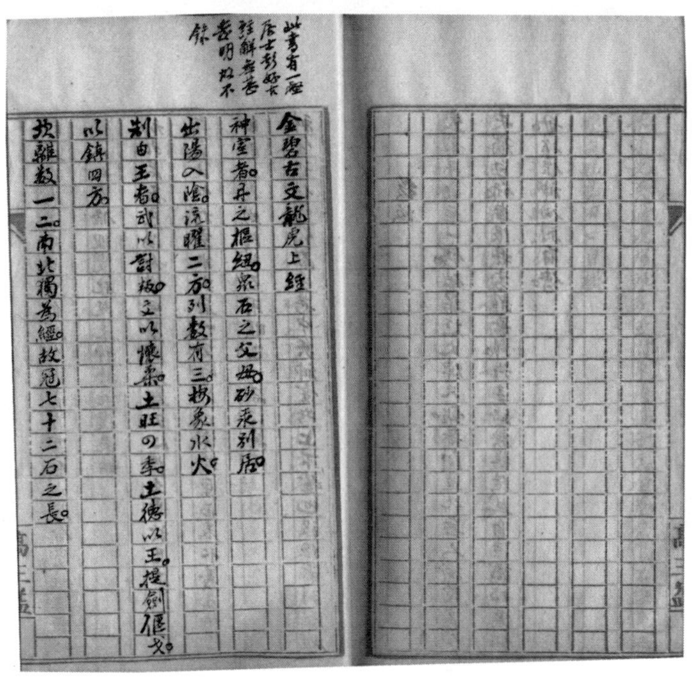

此書有一種居士彭好古註解無甚發明故不錄

金碧古文龍虎上經

神室者。丹之樞紐。衆石之父母。砂汞別居。

出陽入陰。流曜二方。列數有三。摽象水火。

制由王者。武以討叛。文以懷柔。土旺四季。土德以王。提劍偃戈。

以鎮四方。

坎離數一二。南北獨爲經。故冠七十二石之長。

陳攖寧鈔本金碧古文龍虎上經書影

上海丹道刻經會版琴火重光書影

此書經數人手筆抄成，故字跡不同，有些字頗難認識，雖校過兩遍，尚不能全改。將來必須重抄一本保存。

了易先資

陳攖寧圈點批註鈔本了易先資書影一

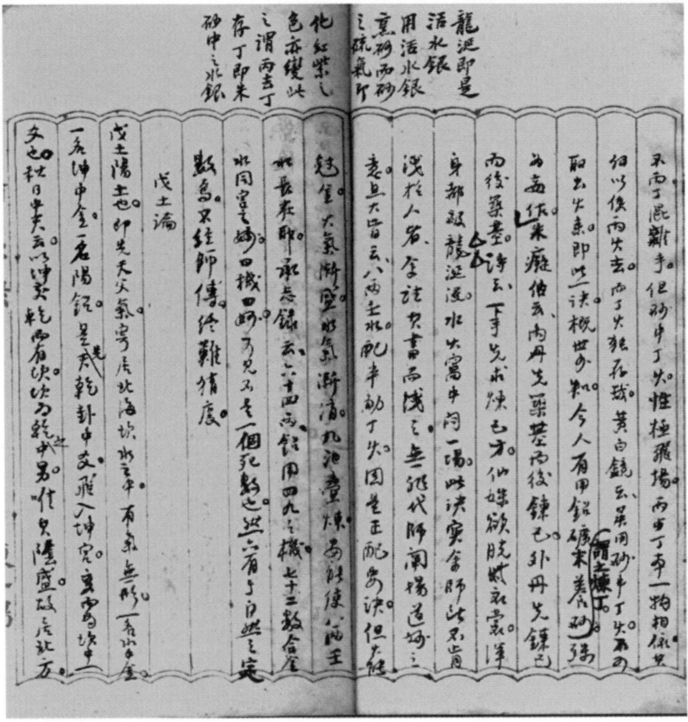

陳攖寧圈點批註本鈔了易先資書影二

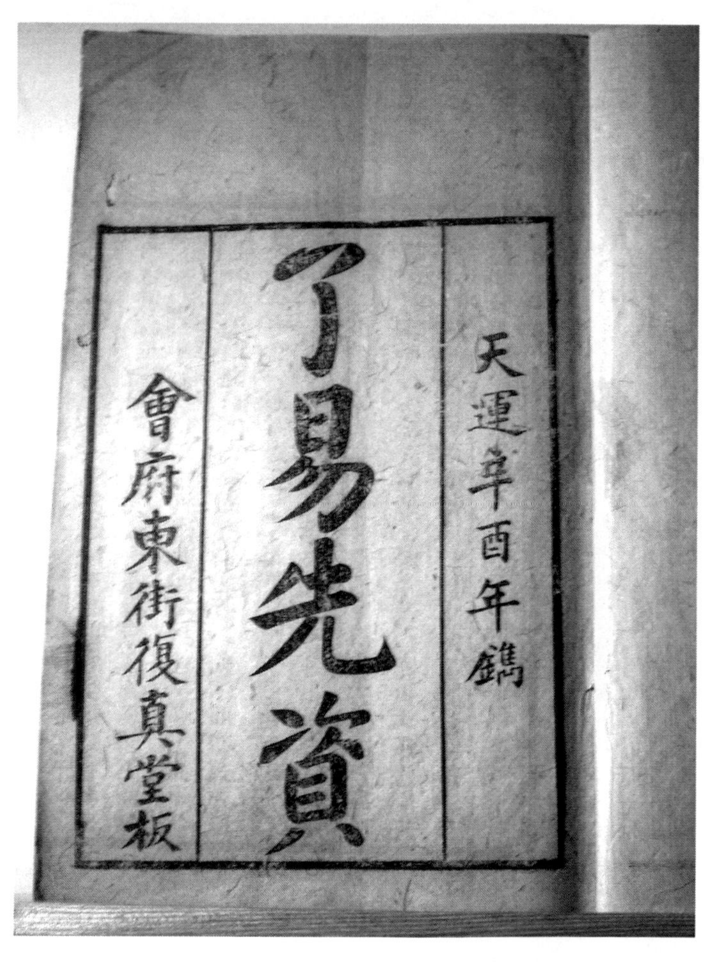

復真堂版了易先資書影一

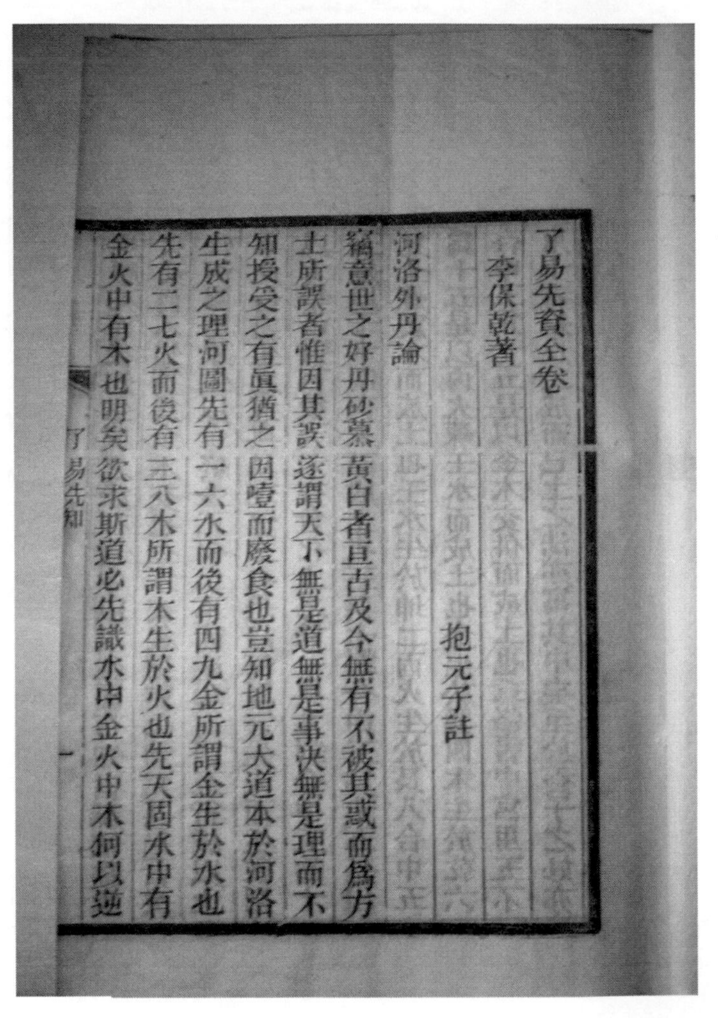

了易先資全卷

李保乾著　抱元子註

河洛外丹論

竊意世之好丹砂慕黃白者亘古及今無有不被其惑而爲方士所誤者惟因其誤遂謂天下無是道無是事決無是理而不知授受之有眞猶之因噎而廢食也豈知地元大道本於河洛生成之理河圖先有一六水而後有四九金所謂金生於水也先有二七火而後有三八木所謂木生於火也先天固水中有金火中有木也明矣欲求斯道必先識水中金火中木何以逆

了易先知　一

復真堂版了易先資書影二

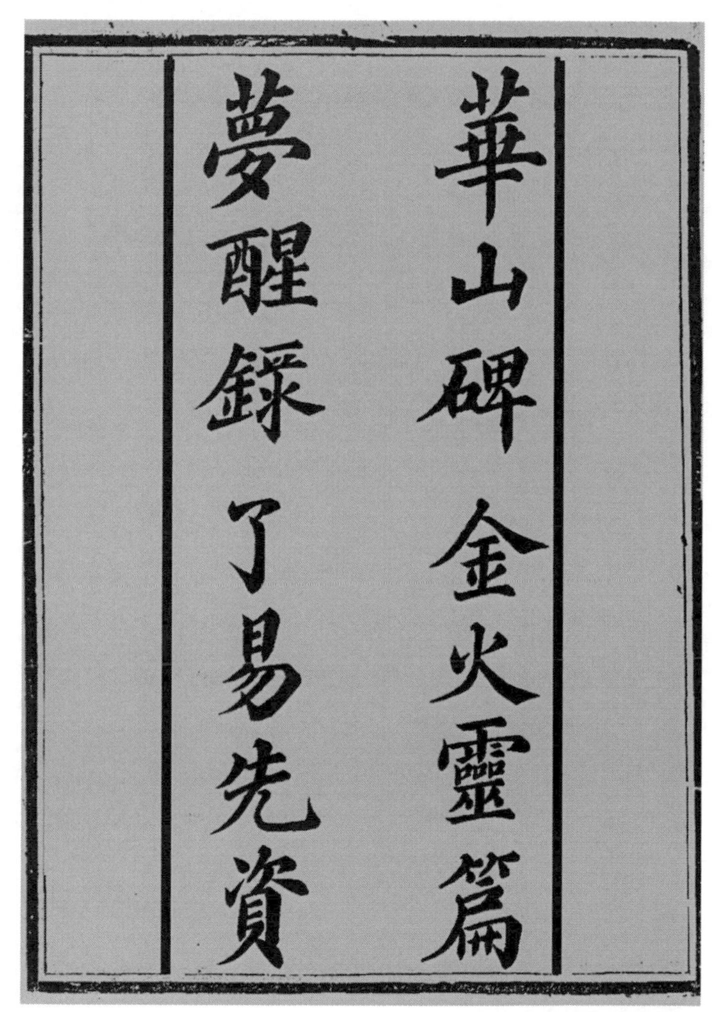

成都二仙庵藏板道藏輯要續本外丹書四種書影一

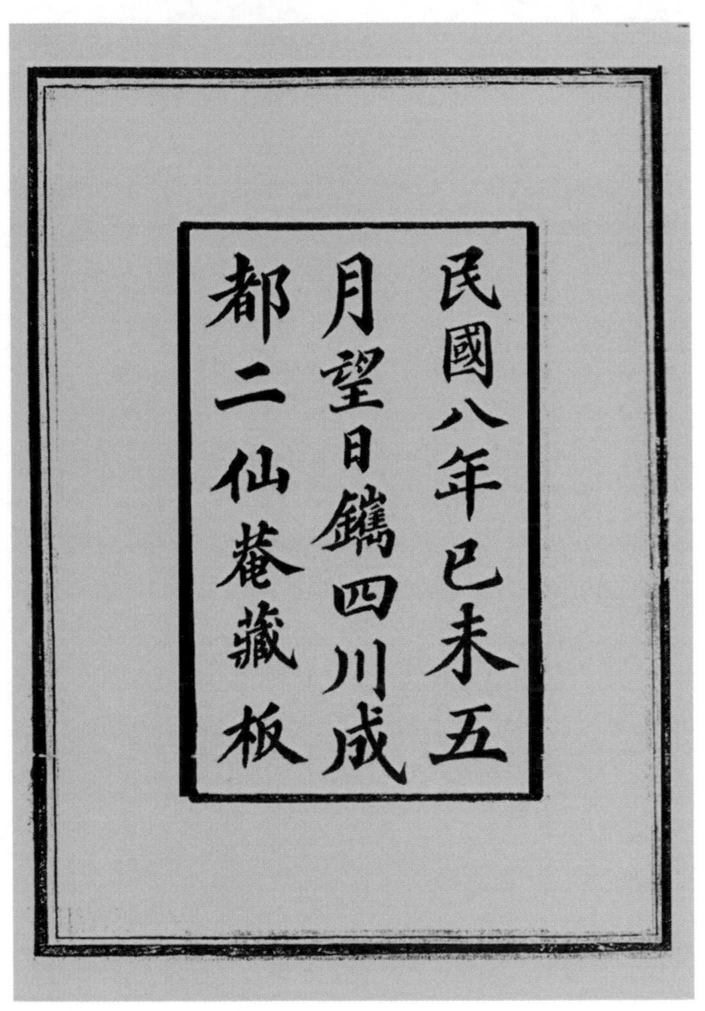
民國八年己未五月望日鐫四川成都二仙菴藏板

成都二仙庵藏板道藏輯要續本外丹書四種書影二

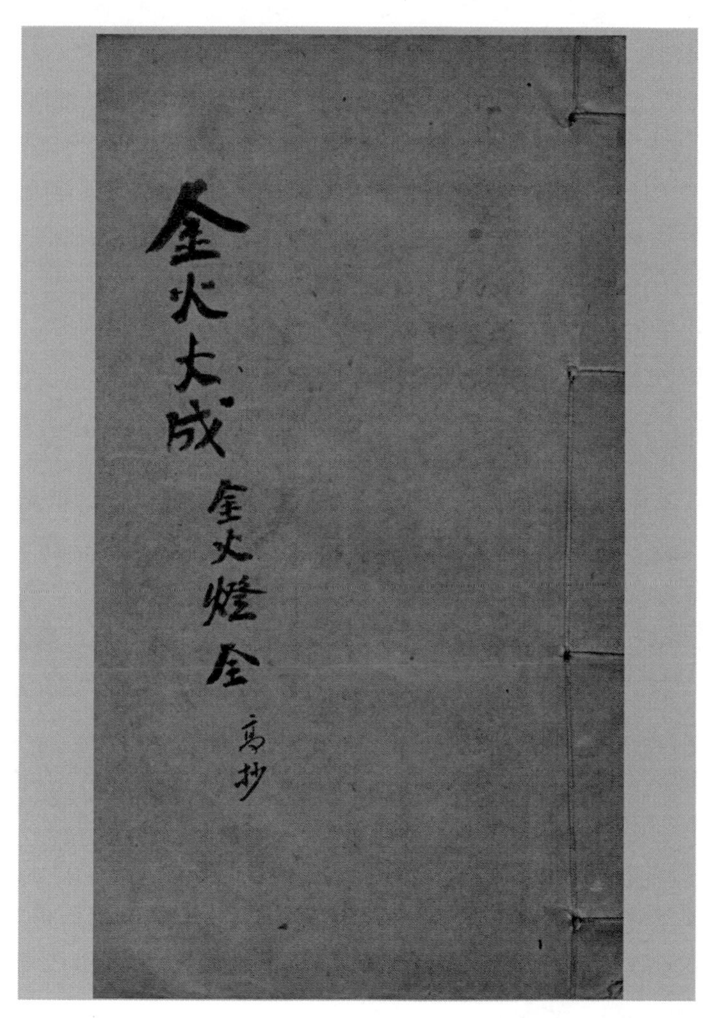

陳攖寧圈點批註高鈔本金火燈書影一

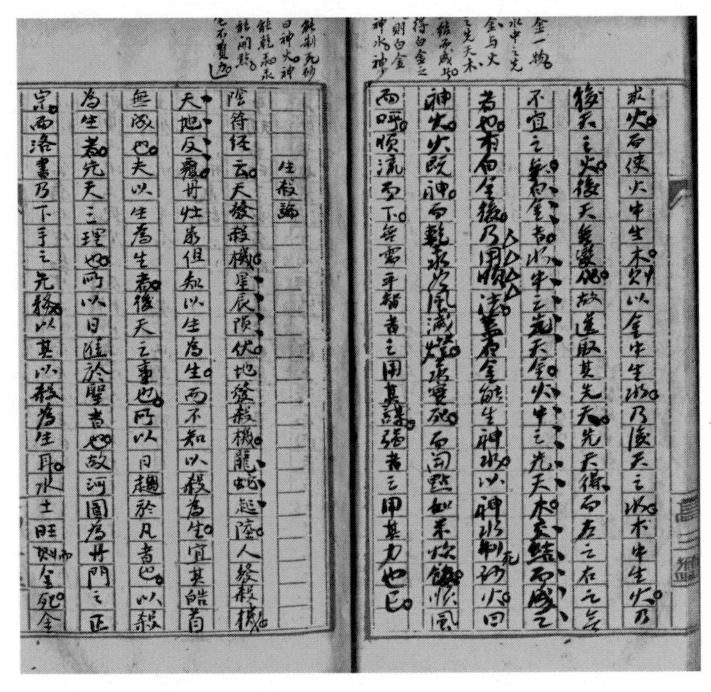

生殺論

陰符經云：天發殺機，星辰隕伏；地發殺機，龍蛇起陸；人發殺機，天地反覆。世俗庸但知以生為生，而不知以殺為生，宜其皆背無成也。夫以生為生者，後天之事也，所以日趨於凡者也。以殺為生者，先天之理也，所以日躋於聖者也。故河圖為丹門之正宗，而洛書乃下手之先務，以其以殺為生耳。水土旺則金死，金

陳攖寧圈點批註高鈔本金火燈書影二

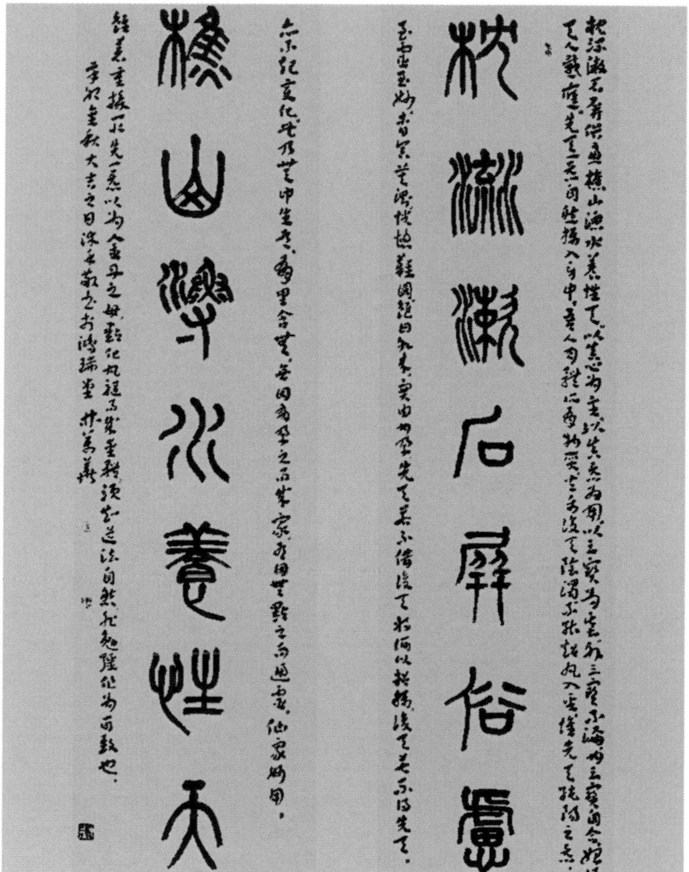

慮俗屏石漱流枕

天性養水漁山樵

書華萬林　擬子團蒲

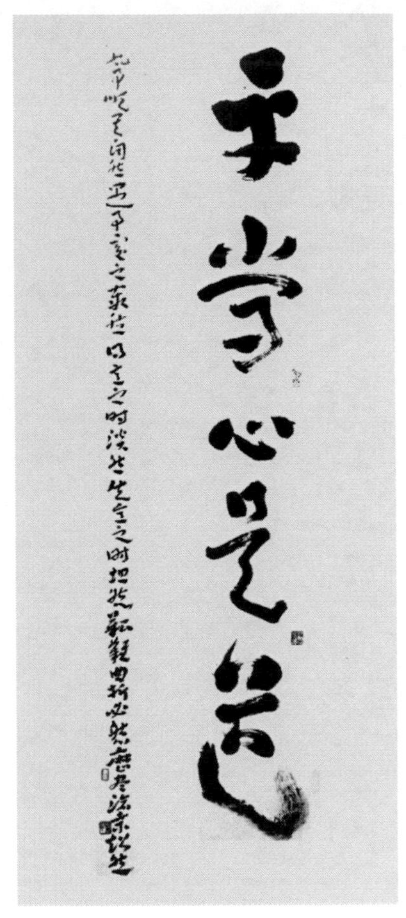

平常心是道

(林萬華書)

存眞書齋仙道經典文庫緣起

仙道學術，淵遠流長，自軒皇崆峒問道，至今已歷數千年。然歷代仙道大家之經典著述，由於時代之變遷，或埋於館藏，或收於藏海，或佚於民間，或存於方家，若欲覓之，誠爲不易。故對一些孤本要典進行重新編校整理，以免其失落，實屬必要。存眞書齋仙道經典文庫之編輯，即由此而起。

存眞書齋仙道經典文庫之整理計劃始於二〇〇四年，雖已歷五年，然由於諸多原因，公開出版頗費周折，文庫之第一種道言五種僅以自印本保存，流通之願難以得償。香港心一堂出版社社長陳劍聰先生，雅好道學，嘗以傳播中華固有之傳統文化爲己任。在得知存眞書齋仙道經典文庫出版之困難後，遂致電於愚，願將文庫公開出版，以廣流通。善莫大焉。

存眞書齋仙道經典文庫之整理出版，意在保留仙道文化之優秀資料，故而其所入选者，以歷代具有代表性的仙道典籍或瀕於失傳之佳作为主，内容皆須合乎正統仙道之原則，不涉邪僞。凡不合乎於此者，縱爲珍本，亦不在整理之列。

本文庫之整理出版，得到了胡海牙老師的大力支持，及存眞書齋諸同仁的通力協助，在此謹致以衷心的謝意。另外，還要特別感謝心一堂出版社陳劍聰先生對文庫出版所提供的方便，及張莉瓊女士、王磊龍靈老弟、劉坤明先生爲文庫的整理、出版所付出的努力與關心。

願文庫之出版，能爲仙道文化資料之保存小有裨益，則愚等之願遂矣。

己丑夏日蒲團子於存眞書齋

編輯大意

一　外丹經匯編第一輯係存眞書齋仙道經典文庫第十三種，收錄外丹經十四種，曰金碧古文龍虎上經、浮黎鼻祖金藥秘訣、火蓮經、銅符鐵券、石函記、還金術、地元眞訣、答論神丹書、華山碑全集、金火靈篇、麥醒錄、了易先資、琴火重光、金火燈。華山碑全集、金火靈篇、麥醒錄、了易先資、金火燈諸書，外界絕少流傳，對外丹術的研究頗有資料價值；金碧古文龍虎上經、浮黎鼻祖金藥秘訣、火蓮經、銅符鐵券、石函記、還金術、地元眞訣、答論神丹書諸書則是外丹經名篇，亦是了解及研究外丹術必讀之作。

二　外丹術爲仙道學術中不可缺少的內容，歷代以來，雖時有著述問世，然皆流傳不廣。存眞書齋致力於經典丹書、秘本道典的整理與出版，將在條件允許的情況下，陸續整理出版外丹經著作，以保存仙道文化之資料。

三　金碧古文龍虎上經，舊題「軒轅黃帝著」，陳攖寧先生鈔本不題作者姓氏。今以陳攖寧先生鈔本爲底本進行整理。

四　浮黎鼻祖金藥秘訣，原題「廣成子著，仙翁葛玄註」；　火蓮經，作者爲「西漢淮南王劉安」；　銅符鐵券，原題「玉清無極總眞九天諶母元君授許眞君」；　石函記，原題「九州都仙太史許眞君著」（道藏輯要署名與此同，道藏不題撰人，書名作許眞君石函記，前有序文介紹許眞君行蹟及石函記出世因緣）；　還金術，陶埴著；　地元眞訣，係南宗五祖白玉蟾著；　答論神丹書，原題「壺雲卓有見著」。　以上七書，均以道言内外秘訣全書本爲底本，部分内容參校了道藏、道藏輯要等書。

五　華山碑全集，題署「陳希夷著，李保乾批」，原書末註曰「始名福口訣」；　金火靈篇，題署「張眞人著，玉田子註」；　夢醒錄，題署「西湖髯道人赤文子著，唐昌仙舟李保乾批」；　了易先資，題署「李保乾著，抱元子註」。　此四書均係民國八年（公元一九一九年）四川成都二仙庵藏板，屬道藏輯要續本，每書篇末均有「會稽馬得一、井研賀龍驤校勘」字樣。此四書係上海某兄提供，謹表謝意。　華山碑全集、金火靈篇、夢醒錄三書無校本參考，篇中有字脱落，姑仍其舊。　了易先資，除此二仙庵版外，尚有復眞堂版及陳攖寧先生等人手鈔本，整理時以二仙庵版爲底本，參閲了陳攖寧先生鈔本及復眞堂刻本。另，此四書均與金火大成的匯輯者李保乾有關。

六　琴火重光係明福建陳竹泉著，一九三九年經陳攖寧先生校訂後，由上海丹道刻經會刊印發行。本次整理即依此本。陳竹泉之著作，尚有殘本刊印或傳鈔流傳，若機緣成熟，亦當整理出版。

七　金火燈出自金火大成（又名金火集要），本次整理本係高堯夫先生所鈔、陳攖寧先生點評。其主要内容，陳攖寧先生曾以金丹三十論爲題，發表於民國年間的揚善半月刊。

八　本書所輯各書，由於版本不同，來源各異，故在整理過程中，對部分文字根據具體情況做了相應地統一，對明顯刻誤、抄誤也做了修正，凡不影響文義者，均不做校記，以免多占篇幅。

九　本書之出版，龍靈老弟、張莉瓊女士均參與了相關的整理、編校，謹致謝意，並感謝心一堂出版社及陳劍聰先生對此書出版所給予的幫助。

二〇一五年一月二十日農曆甲午年臘月初一大寒節蒲團子於存眞書齋

目錄

火蓮經

西漢淮南王劉安 著

銅符鐵券

玉清無極總眞九天諶母元君授許眞君

石函記　許眞君　著

還金術

陶埴　著

地元眞訣

白玉蟾 著

答論神丹書　壺雲卓有見　著

華山碑全集　陳希夷　著　李保乾　批

金火靈篇

張眞人　著　玉田子　註

夢醒錄

赤文子 著 李保乾 批

了易先資

李保乾　著　抱元子　註

琴火重光

陳自得 原著 陳攖寧 重校訂

金火燈

朱永　著　陳攖寧　校批

金碧古文龍虎上經

陳攖寧 鈔

陳攖寧按　此書有一壑居士彭好古註解，無甚發明，故不錄。

神室者，丹之樞紐，衆石之父母。砂汞别居。

出陽入陰，流曜二方。列數有三，按象水火。

制由王者，武以討叛，文以懷柔。土旺四季，土德以王。提劍偃戈，以鎮四方。

坎離數一二，南北獨爲經，故冠七十二石之長。

剛柔有表裏，陰陽稟自然。金火當直事，金水相含受。雌雄併一體，用之有條理。變化既未神，終能復更始。

初九爲期度，陽和準旦暮。周歷合天心，陽爻畢於巳。正陰發離午，自丁終於亥。水火各一方，守界成寒暑。東西表仁義，五行變四時。如是則陰陽互用，順三一而得其理。

神室設位，變化在乎其中矣。神室者，上下釜也。設位者，列雌雄相合之密也。變化爲砂汞。砂汞者，金火二用。二用無爻位，張翼飛虛危。往來既不定，上下亦無常。獨居不改，化歸中宮，非土不可制也。包囊衆石，爲丹祖宗。有無相制，朱雀炎空。紫華曜日，砂汞滅亡。

訣不輙造，理不虛擬。約文伸奥，扣索神明。演成卦爻，五行爲經。坎雄金精，離雌火光。金木相伐，水火相尅。土旺金鄉，三物俱喪。四海輻輳，以致太平。並由中宮土德黄帝之功。

金火者，鉛也。丹砂著明，莫大乎金火。言窮微以善化，陽動則陰消。混沌終一九，寶精更相持。

卦與藥合，金有三百八十四銖。銖據一觔爲十六兩也。金精一化，二氣成丹。青龍受符，當斯之時。神室煉眞精，金火相運推。雄陽翠玄水，雌陰赭黃金。陰陽混交接，精液包元氣。萬象憑虛生，感化各有類。眾丹之靈跡，長生莫不由。

於是玄潤光澤，元君始煉汞，神室含洞虛。玄白生金公，巍巍建始初。冠三五相守，飛精以濡滋。玄女演其序，戊己責天符。天符道漸剥，難以應玄圖。故演作丹意，乾坤不復言。丹砂流汞父，戊己黃金母。鍾律還二六，斗樞建三九。赤童戲朱雀，變化爲青龍。

坤初變成震，三日月出庚。東西分卯酉，龍虎自相尋。坤再變成兑，八日月出丁。上弦金半觔，坤三變成乾。十五三陽備，圓滿東方甲。金水温太陽，赤髓流爲汞。姹女弄金璫，月盈自合虧。十六轉相減，乾初缺成巽。平明月現辛，乾再損成艮。二十三下弦，下弦水半觔。月出於丙南，乾三損成坤。成坤三十日，東北喪其明。月没於乙地，坤乙月既晦。土木金將化，繼坤生震龍。乾坤括始終，故曰震龍也。如上三十日，坤生震兑乾，乾生巽艮坤。八卦布列曜，運移不失中。調火六十日，變化自爲震。**蒲團子按** 「震」，鈔本作「震」，道言內外秘訣全書作「證」。

神室有所象，雞子爲形容。五嶽峙潛洞，際會有樞轄。發火初微溫，亦如爻動時。上戴黃金精，下負坤元形。中和流素津，參合考三才。乾動應三光，坤靜合陽氣。神室先施行，金丹然後成。可不堅乎？煉化之氣。包褁飛凝，開闔靈户。希夷之府，造化泉窟。

陽氣發坤，日晷南極。五星連珠，日月合璧。金砂依分，呼吸相應。華蓋上臨，三台下輔。統錄之司，當密其固。詰責能否。

火煉中宮土，金入北方水。水土金三物，變化六十日。自然之要，先存後亡。或火數過多，分兩違則。或水銀不定，同處別居。剛柔相亢，不相涉入。非火之咎，譴責於上。蒲團子按「上」，鈔本作「上」，道言内外秘訣全書作「土」。

土鎮中宮，籠罩四方。三光合度，以致太平。五臟内養，四肢調和。水涸火滅，含曜内朗。金木相瑩，閉塞流輝。調水溫火，發之俱化。道近可求。

水土獨相配，翡翠生景雲。黃黑混元精，紫華敷太陽。水能生萬物，聖人獨知之。金德尚白，煉鉛以求黄色焉。感化生中宫，黄金銷不飛，灼土煙雲起。有無互相制，上有青龍居。兩無宗一有，靈化妙難窺。

煉銀於鉛，神物自生。銀者金精，鉛包北靈。水者道樞，其數名一。陰陽之始，故懷銀精。鉛化黄丹，寄位五金。爲鉛外黄，色禀北方，内懷金精，被褐懷玉，外爲狂夫。銀爲鉛母，母隱鉛中。鉛者銀子，子藏銀胞。眞素渺邈，似有似無。灰池炎灼，鉛沉銀浮。潔白見寶，可造黄轝。穀爲金精，水還黄液。蒲團子按「穀」，鈔本作「穀」，道言内外秘訣全書本作「殼」。

徑寸之質，以混三才。天地未分，象若雞子。圓中高起，狀似蓬壺。關閉微密，神運其中。爐竈取象，固密全堅。委曲相制，以使無虞。自然之理，神化無方。磁石吸鐵，隔礙潛通。何況雞子，配合而生。金土之德，常與汞俱。

火記不虛作，非鄭重前文。丹書既著，不復重擬。故演此訣，以附火記焉。蒲團子按「丹書」，鈔本作「丹書」，道言内外秘訣全書作「丹術」。

浮黎鼻祖金藥秘訣

廣成子　著
仙翁葛玄　註

浮黎鼻祖金藥秘訣題辭

金藥秘訣，舊傳葛、王二註。細味王註，不識藥物，即言言解析，終屬未同。惟仙翁註，與紫陽序，深得廣成之秘，故諸經不列註，獨入此註；諸經不列序，獨入此序。而於王註則删之。知我罪我，惟此一書矣。

己亥仲夏一壑居士題

浮黎鼻祖金藥秘訣序

慨自天地未判，日月未明。陰陽未立，五行未分。混沌恍惚，杳冥絪緼。內有靈光，隱藏眞精。一生壬癸，二旺丙丁。丙丁火發，照耀玄冥。產出庚黃，鑄作金庭。金庭異室，戊己眞形。故古先大聖，知大塊中有物，礦土中藏鉛。鉛中產銀，銀變成金。金中產砂，砂中生汞。汞吐三華，名曰黃芽。乃天地造化之根源，陰陽日月之精華，皆本於此。聖人知此消息，先用水以盜其氣，次用火以煉其形，水火交煉，以育其神，始得形神俱妙，與道合眞。人得服餌，改形而仙。

夫白金隱於黑鉛之中，陰勝陽微，必假聖灰池，騰盡陰癸，而見壬水眞形。即煅以陰陽池鼎，投紅入黑，方變爲金，內黃外赤，五彩鮮明。鑄作神室，形滯於形。滋以金水，同類相親。金水吸受，眞汞乃生。故鉛一變而爲壬水，二變而爲丙火，三變而爲龍汞，四變而爲眞金，五變而爲戊己土。太極兩儀，四象五行，莫不由之，莫不本之。採其靈根，制爲神室。神室者，藏神之宅也，乃神氣出入飛伏之所。其中竅妙，有闔有闢。呼之則神應而來，吸之則神隨而住。日復一日，漸漸凝結。內有胞胎，爲神之依。外主鄞鄂，爲神之護。其來也，不疾而速；其住也，强而後伏。孰使之然哉？蓋因水火之功也。故古歌云：「火者藥之父母，藥者火之子孫。」水火之功大矣哉！故擬乾坤之橐籥而鑄神室，象日月之昇沉而運藥物，傚寒暑之推遷而行水火，奪天地之神氣而成金丹。金丹之名，豈虛語哉？

蓋金乃水中之金也，鉛中之金也。鉛中之金，有形之金；水中之金，無形之金。以無形之金，合有形之金，神隨形住，氣逐形靈，同類易施功，非類難爲巧，欲作服食仙，宜以同類者。非特金有二金，而火亦有二火焉。有有形之火，有無形之火。有形之火，乃日時所加之火；無形之火，乃木中之火。無形之金，非無形之火不能昇而入；有形之金，非有形之火不能採而出。此又有無互相制伏之妙。古仙聖師，秘而未發，而僕獨暴露者也。

藥自虛無，豈出自空無者哉？蓋無本於有，有生於無，有無互用，器用者空。借此空器之靈，藏我虛器之神。凡火銷金，金伐木榮；眞土兆形，眞水澄清；清眞合處，百日通靈；三胎九轉，十月丹成；凡磁瓦礫，盡皆成金；刀圭入口，白日飛昇；藥物眞正，火候調停；霞光滿室，雲露塡庭：此藥生之景象也。昇而復降，降而復昇；入之有路，出之無門：此藥伏之關鍵也。遇水解化，遇火堅凝；化之若水，堅之若冰：此藥成之効驗也。馬齒琅玕，鳳翅龍鱗；鍾乳黄輿，化明窻塵：此藥成之形狀也。神室內外除胞胎，惟有金水往來。金水者，乃得金氣之玄水，又號神水，並非凡水井泉，又非方珠星月之水。煉丹之訣，但能引神水入華池，萬事畢矣。

廣成子於崆峒煉丹，度黃帝上昇，授以金丹秘訣金藥十二篇。此書藥物火候、鼎器壇爐，俱已吐露，但金水交姤之玄，玄關橐籥之秘，灰池煉氣之眞，秘而不言。天律甚嚴，不傳竹帛。天不愛道，地不愛寶，我亦豈敢自私？僕體太上之心，欲使人人成道，個個歸眞，以此書未發之秘，條陳無遺，使世之留心性命、專心道德者，有緣遇師，得此書印證，方肯誠心下手爲之。雖未面傳，亦我之徒也。嗚呼！凡夫滿眼，決烈誰與？僕以有緣，荷天垂休，已得火得藥，但功行未備，未能上昇。嘗恨道未得，遇人爲難；道已得，成道尤難。有緣得覩，是必信而行之，方知師恩難報，而造化神功大矣，可忽之哉？

紫陽張伯端序

浮黎鼻祖金藥秘訣

广成子 著　仙翁葛玄 註

採金定水章第一

混沌杳冥，杳冥生靈。靈光一點，誕育羣精。採一之水，除一之癸。定一之數，配一經緯。感得靈父，方成聖體。

葛玄曰 太上重玄一之道，本於混沌太極。浮黎虛懸，分霞逐彩。布氣成光，徹上徹下。始生曰靈，靈生眞一。一生玄水，水生二，二生三，三生萬物。作金液神丹，湛然常住之法，莫不由之。且黑鉛以母隱子胎，白金以子藏母胞，内含先天眞一金水之精華。煉盡陰癸，壬水自現。用火採出，煉成一塊五色眞土，置爲鼎器，作二十四品大丹之父母，七十二石之宗祖，自然使嬰姹和偕，龍虎蟠結於玄關竅中，烏兔會行於黃道室内，感靈父聖母之氣，以成萬刼不壞之軀也。神哉！神哉！

求眞踵息章第二

黑中有白，天地煉形。黑盡白見，號曰眞金。金水得類，火數無更。煉成乾道，脱凡爲眞。安金益水，砂汞凝神。

葛玄曰　黑者陰也，白者陽也。以陽煉陰，雄裏懷雌，淡中有味。欲制之法，將黑鉛入於灰池，發火久久而煉之，鉛盡水乾，銀體自露。其中有水銀，形如白雪，狀若馬牙，乃名辛金，號曰水中銀，是謂丹砂之根。將此一味之金送入陰陽池鼎，配以庚金，煉如雞子，外白內黃，變其體爲輕。黃以象乾卦，謂之黄芽，以成聖母，爲丹之基，百彙之根，萬靈之祖，天地之精，中有眞砂眞汞，爲仙家之天寶。修煉得此天寶，則藥物在此，鼎器在此，火候在此。丹砂無別蘊矣，而世人將凡砂凡汞修煉者，豈能神異而變化乎？

神室變化章第三

室象雞子，黃白一家。上下兩釜，中虛寸窩。骨肉金玉，開就瓊花。五星攢會，萬靈賛嘉。神通廣溥，感應無差。

葛玄曰　法象莫大乎天地。天地者，道中所生之一物耳。天地設位，變化於中，故神室以金母鑄就。上釜象天，下釜象地。上下兩釜，合成一軀，如同雞子，黃白混沌。太衍之數，五十有五，其用四十有九，中虛一竅，惟許寸餘，以象太極變化，是爲陰陽合德之符，號爲明堂，又稱天心，又曰祖土，而爲中黃，爕理陰陽，出入玄牝，眾妙之門，虛而能靈，乃化生萬物之所也。外以金鼎，包裹神室，關固嚴密，防有不測之患；　內以胞胎，產出神物，光明赫奕，能爲萬物之靈。俱得水火昇降之氣，透入二八空器物中。玄烏皎兔，一呼一吸，魂魄凝和，同聲相應，同氣相求，交以天精地髓，激出雲龍風虎。一顆明珠，藏於九光寶苑之內，萬象在其中矣。此珠譬如北辰，居其所而不動，在於黃室，五星旋遶，萬靈敬仰，神通莫測。開出芙蓉美金菊花，求之者俱得遂意，去病除災。是乃無質生質，化爲金粟。滿鼎金砂，紅光灼灼。人得此金砂服之，昇入無上清虛之境，不爲地水風火所拘；超出陰陽易數之外，卷舒造化，移星易斗，無施不可。咦！借爾胞胎，養我形骸；爾靈我聖，跳出塵埃。

壇爐鼎竈章第四

擇其福地，置竈爲匡。爐通一竅，竅連陰陽。形如鍋釜，員厚相當。中安金鼎，造作有方。如雞三足，橐籥舒光。

葛玄曰　仙佛祖師，爲大丹絪緣，出見於世，擇選靈山福地，蓋造丹室數椽，築壇三層，壇上安竈，竈上有爐，爐中有鼎，鼎中有神室，神室中有胞胎，懸鏡掛彩，鎮符驅祟，而煉金丹，以顯沖舉，不生不滅，開化後人。鼎象日中鷗烏三足，包裹神胎，無有絲毫走漏，是謂橐籥。淳于叔通所謂「員三五，寸一分。口四八，兩寸脣。長尺二，厚薄均。腹齊三，坐垂溫」是也。當斯之時，運動陰爐陽鼎之法象，以己身中內道合之，開化混沌，運用坎離，主執陰陽，使二景舒光，五靈相合，添水運火，暗合符節，超凡入聖，以保身形。

水火化育章第五

提攜日主，併羽月宸。水流親下，火燥昇騰。養形三五，合法晨昏。金水十六，萬物化醇。旋箕歷斗，策役鬼神。

葛玄曰 日中之主，曰鬱儀；月中之宸，曰玮璘。欲得日月二君合璧，生靈於乾坤竅内，養出夜明寶珠，須假凡水火烹煎眞水火以成胎。受氣既足，則光溢無極。蓋凡水中有火，火中有水，水火既濟，陰在上，陽在下，妙合周天，旋箕歷斗之度，烹煉玉芽黍米，結成胎仙。易曰：「形乃謂之器，制而用之謂之法。」故以符攢爻，爻攢時，時攢日，日攢月，月攢年，年攢世，世攢運，運攢會，會攢元，總乾坤二卦之策，運周天一年三百六十日當期之火，奪盡天地生成之數，反復殺機，在於一日之内，不使符候乖張，陰陽失序。知其無，守其有，則大藥精神百倍。乾坤交姤罷，一點落黃庭，玄珠成象，全仗日月二君。金液玉液之眞，養形於三五一都太極之中，自十日至百日，鉛汞化爲金丹，世間鬼神無不敬仰，可以任吾驅使矣。

浮黎清濁章第六

無極之土，本產黃白。毋摇其精，乃得久長。百日泮渙，清濁自張。流戊就己，八極光芒。金光射彩，靈簇中央。

葛玄曰　黄白者，藥物也，丹母也，先天乾坤之精也。藥本資於丹母所生，從虛無而來，名曰金液，號爲眞土。此土終始萬彙，體物而不遺，實無定位，舉世皆迷，乃無中有象，空中有色。至理行於無爲，眞機在於水火。的於六十日内，依空中有象，黄帝中主，萬神肅從。既見其體，勿勞其形，勿摇其精。再行百日火符，撫養嫩弱，以神馭氣，自然通靈，輕清上昇，重濁下沉，感聖日聖月，照耀金庭。乾坤萬象皆安舒於威光鼎内，則甲乙之氣化青龍，丙丁之氣化朱雀，庚辛之氣化白虎，壬癸之氣化玄武，戊己之氣化勾陳滕蛇。五行四象，合而成丹。復子魚鱗甲鬣，姤午馬齒如霜，壯卯琅玕鍾乳，觀酉羽翮摧揚。有此景象，則三五一都太極之中，發洩精粹，玲瓏晃朗。開鼎視之，金華射日，霞彩衝霄。服之驅除寒暑，聚精斂神，萬病無侵，轉增天福。經曰：「人服死水銀，保命得長生。」自此可爲陸地之仙，不受生滅之苦。

接氣生神章第七

形若不足，補之以氣。西南得朋，東北無類。上以三開，下以三閉。紫粉如霜，黄芽滿室。窸塵飛虛，壽算無計。

葛玄曰　金丹之道，無過是煉形補氣。氣壯自靈，靈而爲寶，方敢名神。神也者，妙萬物而爲言者也。且充塞天地間，俱是浩然之氣。運是氣者，皆神以主之，無物不有，無時不然。大抵補氣之方，不必遠有所慕，如「天應星，地應潮」之類是也。故以西南陰方，東北陽方，若能從其有而背其無，三接神胎，何憂至藥不靈？學者宜當勉力，勿可怠緩。未鑄室之先，龍居虎穴；既鑄室之後，汞出鉛中。故二物不會，各藏眞一之氣弗露；二物既合，則交眞一之氣爲丹。猶草木花菓，得陰陽二氣交感，自然各正性命，暢茂條達。煉丹之士，須要洞曉陰陽，深達造化，無不効也。

點化分胎章第八

制器爲房，丹生其內。弄丸成象，造化自異。眞中之神，出類拔萃。積行綿綿，立登神位。

葛玄曰　神室者，形而下之器也。聖人制器尚象，以法太極，一物而有兩體，體虛形實，故靜則爲一氣，動則成兩儀。使神物兆生於有無之間，其質似黃蚋，是謂三才。一呼一吸，間往間來，合成刀圭，如弄日月二丸彈於天地之中運行造化相似。人能妙合其機，參乾坤而爲互用，使水火昇降於其外，砂汞判形於其內，是爲金丹之房，眞中之神，長生大君居於此焉。故丹雖眞一之氣所成，須假天地交合，龍虎兩弦之氣相交於造化窟中，使水火之精互藏其宅，而後日月星辰之華懸於上，金木水火土之氣結於下。懸於上者，在天成象，生如鸞翔鳳翼；結於下者，在地成形，凝如雪柳霜花。二物能重能輕，能神能靈，能白能赤，能暗能明，此無中生有之妙也。服之身體金色，毫竅光明，吐氣爲火，丸垢成丹，何其神哉！至此，數可奪，命可活，天地亦可以返復。其凡砂凡汞、五金八石，聞氣而死。更能積功累行，綿綿不絕，昇入金門，豈不大自在乎？

十月丹成章第九

丹成九轉，胎化黃暈。金砂成霧，母產玄珠。蒼胡頡竇，鍾乳珊瑚。犬牙參錯，馬齒何殊。神精萬狀，聖人自知。

葛玄曰 萬物之理，以虛而受。天地從虛無中來，虛無天地之德，故用神室修煉仙丹妙竇，亦自虛無中而生有也。天一之水下降，地二之火上昇，三才成位，四時順令，五行化生。鼎中一刻之火符，奪世上一年之節候。胎神藏九氣，化爲紫金丹。丹見有爲之範相，亦自無極之神通也。一個月生如馬齒琅玕，二個月長如魚鱗甲鬣，三個月犬牙參錯，四個月蒼頡攢疊，五個月菡萏靈芝，六個月鍾乳倒懸，七個月婆羅松花，八個月竇塔玲瓏，九個月日月懸象，十個月嬰兒成聖，變化出神，如如不動，妙道眞身，紫金見象，身騎孔雀，神慧無量，難以言述。且腐草得天地自然之氣，亦化爲螢，況此神室爲太虛之體，有陰陽屈伸相感之機往來於其中，變化無窮，豈無至藥所產乎？經云：「天竇玉皇之氣，結一黍米玄珠。」根本皆由於玄中正位，以成聖胎是也。

金鼎通玄章第十

金丹神室，自變鐵渣。鼎化爲庚，可種仙葩。光明赫奕，制以凡雜。貫至湧泉，三界爲家。

葛玄曰 聖人立象以盡意，今以神室内煉水銀而成丹，丹化成金液，金液到口，白日登天，自然之妙。若夫外煉鐵鼎，化爲金鼎，此之神妙，非藥而何？只可與智者論，不可與凡夫言，古人貫金透石不爲難。信哉！是言也。有諸内者必形諸外，所謂「借假修眞，全資水火」。故曰：「鼎器藥物並火候，看來盡秘於玄關。」又曰：「鼎即藥，藥即鼎。」鼎藥者，丹也。故曰：「靈寶畢集，簇於后土，久而成丹。」具大藏法眼者，自知出有入無之妙，則逍遥三界，與道爲一，何所往而非安居之家乎？

妙香普濟章第十一

天香滿鼎，霞映三台。沉痾痼疾，俱得和諧。龍神拱敬，岳瀆迎隨。祖玄解脱，後裔蕃昌。俱聞是香，普釋災愆。返魂立起，白晝昇天。

葛玄曰 四時順氣，一歲丹成。天地之機，日月之衡。陰陽之數，五行生殺之權，三千七百二萬正氣之數，俱已奪盡，會於乾坤化育之金，産出許多景象。無限奇觀，馨香遍滿。上通三天，下徹九泉。所謂拔宅靈梯，昇天藥祖，藴蓄自然之香。是香起死回生，無量功德，度一切死苦，能解幽魂長夜之綱，能啟門户後裔之光。經曰「億萬高祖，歷刦種親。遊喪滯魄，俱得更生」者是也。惜乎世人功微行淺，攻乎異端，專行有形硃砂水銀、五金八石雜類之邪法，實不曾聞金液還丹、白晝沖舉之妙道，又安能得見三清太上乎？

服食登眞章第十二

刀圭入口，人化爲仙。飛形拔宅，隱顯無干。梵氣合體，與天長年。秘行眞妙，勿洩心箋。

葛玄曰　神丹之藥，本號刀圭。刀圭者，乃刀頭圭角些子而已。人能觀天之道，執天之行，運化陰陽，以壬水生黃金，黃金造華池，華池會兩弦眞一之氣，凝結神水，神水化爲金液，金液變成至藥，至藥返還爲丹。除去嬰兒胎毒，醮謝天地，以清流吞服一粒，則身生羽翰，如輕煙薄霧，頃刻衝霄，以朝太姥，證無上九極上品天仙。至尊至貴，出入造化，隱顯莫測，萬化生身。若欲拔宅，只以清泉，研洒三粒，不時門牆屋宇，盡皆昇舉於巫山雲雨之程，御乾坤於不竭，制刦運以無窮，豈得虛說以誑後人？昔吾得此道三十餘年，歎無法財了兹妙道，以報無上之本。後得爲之，無不遂意。後學無生疑惑，有爲者亦若是也！

火蓮經

西漢淮南王劉安　著

一

太始生靈，太初靈明。太素生氣，太易氤氳。氤氳動盪，號曰洪濛。太極始判，陽生其中。金色象赤，赤文洩魂。輕清上昇，重濁下沉。中氣結靈，生一尊神。名曰盤古，天地始分。天氣結日，地氣結月。萬象懸明，日明氣結。東昇西没，纔分晝夜。日光射地，地生靈質。靈質一生，七十二石。月光射水，水生靈體。靈體一生，二十有四。日月共射，化生萬物。

二

龍馬負圖，象帝演文。仰觀俯察，乾坤位分。震納六庚，金木姤精。金華生木，花燦黃金。兑納六丁，少女代坤。金藏眞火，火煉兑金。兑得丁火，乾體乃成。乾納甲壬，眞汞中生。烏宿扶桑，木乃敷榮。汞流神水，先天至眞。日魂木液，流珠日精。增出龍光，九氣澄明。月盈則虧，陽極陰生。巽納六辛，水旺金沉。木魂藏金，金啖木精。艮納六丙，丙火生土。土又生金，金庫歸丑。坤納乙癸，乙癸生質。埋没金精，復命歸根。知白守黑，坎離合璧。一陽來復，黑中生白。

三金火

金生在巳，火父金子。子藏母胞，消息難覩。燧人昔鑽，質號紅鉛。光中生焰，發洩先天。稱作無名，爍石流金。一名朱雀，二名天魂。三名琉珠，四名烏精。在天懸象，在地成珍。石中生寶，烏精洩魂。紫霞紅粉，無根美金。紅離透景，硃砂之稱。神人採取，服之上昇。

四金水

水生在金，金母水女。母藏女胎，五行逆理。女媧採煉，號曰黑鉛。黑中取白，質兆後天。玄元聖祖，稱作物母。懷紫紆金，啖龍吞虎。一稱琅玕，二稱馬牙。三稱鍾乳，四稱丹砂。五稱水精，六稱河車。潔白其體，住世鉛精。鑿開混沌，黃黑色明。至人得此，性命之根。

五藥石眞僞

二十四品，七十二石。銀石銅石，金石鐵石。鹽石硇石，汞石雌石。雄石硝石，砠石錫石。礬石硫石，青石翠石。砂石珠石，砒石玉石。萬草千方，其名不一。天生神農，能辨藥石。留與後人，分石眞僞。乾金交坤，坤得乾精。坤變成坎，坎水藏金。金須舍坎，其家在兑。至人取此，有形有質。既得形質，求通消息。浮丘八公，一一指示。金出人世，名曰世寶。出世日久，精氣神少。不堪作丹，焉能却老。未出人世，名曰天寶。去癸存壬，方爲命寶。火煉三年，化成火棗。大山小山，口口相傳。坎中採兑，兑煉成乾。水取虛宿，其數六六。火取爻翼，三百八四。藥採水金，上弦半觔。知之修煉，號曰天人。

六鼎器

三五與一，規範鼎器。其口四八，其唇寸二。尺二身長，凖其繩墨。定鼎則難，鑄鼎不易。白金鑄身，黃金鑄腹。月圓鼎白，月缺鼎黑。黑白若解，黃白内得。求通消息，火記六百。招下朱雀，戲飛五色。頓遭羅網，剪其羽翼。落入波濤，其聲悲泣。刻漏未終，化鱗甲鬣。馬齒珊瑚，犬牙參錯。琅玕鍾乳，紫玉朱柯。六百卦數，三千日足。先白後黃，從黃變赤。紫靈紫壽，紫霞紫極。鮮似日輪，紅飛絳雪。朱粉赤霜，色奪日光。神光射日，九彩光芒。刀圭入口，遍體馨香。如錫如密，如蔗如漿。頓生羽翼，飛入天鄉。憫歎世人，奪利爭名。歲月如流，難再青春。鬓點秋霜，疲若精神。一失人身，萬刦難逢。

孤魂滯魄，如墮幽冥。吾甚傷之，乃撰斯文。名曰火蓮，火數七篇。其中秘訣，字字相傳。
解破玄理，即見劉安。出塵之事，侶結有緣。共獲大藥，心志誠堅。擇尋福地，虎伏獅眠。
朝山疊水，方建爐壇。一年一鼎，服之長年。二年二轉，壽增三千。三年三轉，名列地僊。
四年四轉，頓作神僊。九年九鼎，位列天僊。遨遊八極，跨鶴驂鸞。經遺世人，名曰火蓮。

玉清無極總眞九天諶母元君授許眞君

銅符鐵券

銅符鐵券題辭

考之列仙傳，曲阜蘭公，精修孝行，感斗中真人，自稱孝悌王，下降其家，付以金丹寶經銅符鐵券，令轉授丹陽黃堂諶姆，傳之眞君許祖。今觀其書，列爲三元，藥物火候，一一俱備，似爲寶經，於符券無與。余博集符篆靈文，隨手成帙，欲加釐正。而是書傳久，未可妄以己意，紊亂仙經。書仍符券舊名，而符篆靈文，次爲別錄，以備參考。丹經種種，止於言理，未若是書直指眞訣，畧不少諱者。心解之士，苟得其訣，神丹可立就矣。夫訣豈易言哉！求訣於心，得者十九；求訣於口，得者十五；求訣於紙，得者無一。余集是書，誠索訣於紙。然他日有因此而獲魚兔者，未必非此爲之筌蹄也。

己亥仲夏朔一日一壑居士題

銅符鐵券

玉清無極總眞九天諶母元君授許眞君

銅符鐵券總訣

三元神丹口訣

玉清有命封仙職，掌握南曹主化一。赤文幽隱鬱儀房，玄科至禁藍天碧。八萬四千一刦傳，傳出天符火記曆。庚甲之年雜氣消，諸天慶會禹余室。稽首恭默大道前，萬聖千眞總湛寂。瓊臺遐想玉清容，顰眉不展憂心匿。良久開揚九六門，鸞鶴斜聞龜仰覔。大道流行滿上天，爾曹仙子樂無邊。龍漢延康三刦盡，玄宮大展令敷宣。東華昇舉西華主，太乙元君諶母傳。親授皇人二八機，至玄至妙至幽微。可令塵寰流玉液，早將仙子赴瑶池。珠台降下銅符券，勅下元君諶母知。弘道眞人弘道仙，闡揚正教汞和鉛。鉛飛雪浪流珠滚，覆下依然眞土眠。土禀天符生碧葉，躱躱金花起紫煙。紫煙飛上凌霄殿，連連續續冰花片。日月抛光朗大千，巽風吹起金花現。不得流珠不計鉛，生靈聚景防危戰。日魂將近月神圓，赫赫日魂霞九萬。四方籠罩合眞鉛，鉛含五彩何人見。煉鉛無計覔眞傳，不得庚金華不現。採得辛金一味眞，再入灰池取次煉。上下浮沉顛倒間，壬花莫令烏雲亂。抽出天魂奪日霞，水晶宫裏是吾家。返得流金回聖體，何勞蹉跋遍天涯。汞死爲鉛鉛化土，白金鼎器丹之祖。懷盡天魂地魄中，玄元稱此爲丹母。汞積九九返成砂，龍出東方西就虎。晉世明王孝道存，金筋玉骨許之孫。呪符勑水降魔魅，明功暗德濟蒼生。可將鐵券天王旨，銅符細細口傳君。玉清願見功勛士，光眉大展笑顏欣。巨闕彌封碧玉匣，明珠照世破幽城。速令名山拿玉兔，燦日擒歸再莫論。日魂消盡千山雪，奚慮區區遍體陰。但烹黍米扶神氣，看看天時偏五陵。惡龍噴出三江水，毒氣零零滿世塵。若不勑汝扶危難，骨城血海痛傷心。急以鼎池爐裏煉，巧奪乾坤日月精。道法千門及萬户，千門萬户獨斯尊。十二神符九白雪，三回五轉號天青。一粒一服三期後，周身九竅自光明。白雪入口身生羽，神符吞下足生雲。漸覺三陽開泰日，浮生腐草盡逢春。功高行備膺天禄，拔宅昇騰及滿門。早朝上帝抛金璽，玉詔天書五嶽迎。閒觀碧落空歌韻，時倚空青始氣森。一自五雲騰勝日，天香滿室古今聞。九六天機親囑付，珍藏寶秘莫爲輕。至人授受吴王李，非之雷火卽時臨。金丹遞運玄元始，五炁分張一炁成。不比嘸呼三一法，不是回頭口内津。不是閨丹御女術，不是砒黄丹礦成。鉛是元神銀是形，形神相得合爲眞。元神相遇眞形後，果用元神觀太清。

寶塔訣

古法九層，虚極藥所不至。今減而用之，或七層五層，每層高六寸，下安蓬壺，雌雄子口。層層俱有竅妙，以便龍虎氣昇。安合固濟，坐於池上，外用鐵環高掛於天梁上，令其安穩，方架内火，火儘蓬壺。腰下以鐵架架起，以圍火力，庶使火難侵於寶塔，朱雀易得安身。進鉛門止用半寸高。蓬壺脚下，三方安三足，厚方如指節，令火勢有力。上古傳受，用風箱鞴火，後人遂開風門風舌，用之尤妙，不勞人力。火勢盛則閉，不及卽開。作用處在人活法，不必一一拘舊。陰陽爲之道，變通爲之法。風炭門一開一閉，不使疾風吹驚池鼎。恒令人巡視，恐有不虞之患，莫作尋常爲之。雖曰百日之功勞，乃是昇天之基址。

燒取眞鉛訣

一初取出山鉛砂數百觔，擣爲末。就用礦上圳音酬土，每一觔配食鹽四兩，擣萬杵。秤定鉛砂末一觔，以紙包裹數層，外用鹽泥固之，五六分厚，曬令極乾。如此固三五百枚，入爐煅之。爐式形如大甑，高六七尺，周圍一丈，下安風箱。底火上昇，用炭鋪底一尺厚，方鋪鉛砂球在炭上，層炭層球。大火煅得内外通紅，止火寒爐，陰土覆上，鉛在下成一塊，破球取出，如生礦銀狀。如此謂之乾父。將此乾父取流金，則藥有精神，非是流鉛圳土，否則神散杳茫。不得師授，苟或妄爲，終爲誤事。神丹至藥，只是一味鉛精。若得此寶，萬事畢矣。此爲先天眞一之水，多倍其數，以聽聖灰築基之用。採得壬水一分眞，不換黃金重一觔。至此神機，又聽後繼大法。

古羲黃修煉神丹大法

地元起手，金鼎神室。上下兩弦，體重一觔。如九鼎七鼎五鼎三鼎，必依大法度數採煉。假如白金八兩，用伏氣黑鉛三十六觔。只有八九七十二兩，按九池而取之。恐鉛炁不足，神精降少，難合天地符契半觔八兩之數。今用九兩煉一兩，不多不少，正宜應用。須宜多採流珠，以防鑄室洩氣之用。

先求地魄。地魄者，白金也。次取天魂。天魂者，黃金也。黃金產硃砂，是日精；白金生流珠，是月華。魂魄合體，精華自生，奪天地日月之全功，是聖祖玄元之妙用。聖人知神物隱於北方，採此以作丹頭，不用世上黃金。黃金雖是純陽之體，縱加百煉，決不受氣。至於銅錫，性質太燥，難見金公，見則形必傷也。獨與白金一味相親，暢體欣然，金花發洩流滾，珍珠豁然於其間，眞陰眞陽，交光合體。巧取周天度數，滿於五色中黄，自然陽生於眞土也。

土旺金鄉，借水虎育養而生震龍，五色霞鱗，金膏碧體，朗朗常存，爲昇天藥祖，愈煉愈靈，越温越妙。故有陰池陽鼎，因鉛不受煉，設爲法象，以定浮沉之性。造鼎爲陽，使陽魂自昇於天堂之上；制池爲陰，使陰魄自沉於地獄之中。

一九功在鉛，二九功在母。諸方不用母，丹門甘自苦。壬癸怎分張，老脆化陰土。用鉛有秘傳，始初金煉鉛。浮沉定得眞，先天與後天。認得其中趣，無拘洞裏仙。嬰兒尋乳母，轉轉出玄關。藥即是眞汞，金母是神丹。一母生九子，各自傳枝葉。

一分藥力能脱半觔赤鳳紅顔，濟世安民，非凡可覩。德薄不足以遇，緣淺不足以聞。此是杳冥眞秘訣，子宜記取在胸襟。

安爐立鼎訣

上供九天五土司命，北斗七元眞君，丹房護屬正神，金木水火土五德星君，侍供香火燈燭菓品，虔告上眞。預造鉗匙等器，餘積黑虎鐵池寶塔多備，以防損换。爐内合風開門，如雞子大。勿令太寬，寬則風力緩。緩則眞氣不昇。池下三方安三足，不用鐵造，以磁土燒就。安如「品」字，外以鹽泥固之，堅牢不損。安池在上方，架重樓，兩邊以鐵環高掛於天梁之上，内火蓋固，不令火力近鼎。别開出入火路，以便加減行持。

地元九池秘訣

銅符鐵券文

兩兩鬱羅台，八寶昭陽殿。萬聖拱中尊，元始天王現。玉女嘯丹墀，方使金公煉。一唱衆眞揚，世界金光遍。謹候北酆魔，洗出朝天苑。用力在丹人，棄舊迎新换。乾金奪日魂，莫令烏雲亂。產出夜明珠，五色輝煌片。上下令通風，金棗嬰兒面。希夷陰濁來，放展河車轉。紫氣入重樓，子母不相見。初產壽年華，易至精神散。

直指函文名曰「青埃」

第一池煉鉛法則。用出山淨金一觔，白如雪朶，碎作十六片，乃於日月合璧日，五星聯珠日，申酉金旺日，將池鼎安置停當，開風門，進文武火。文火温池。先投鉛半觔，煉灰池結實，基址堅固，免致折耗之患。待池將紅，另用伏炁淨鉛九觔，每觔分三百六十五銖，每銖四分二釐五毫，共三千三百八十五銖爲一池。九池共鉛八十一觔，以應九九周天之數。將金片片入池，武火溶化成汁，只待黑盡白現，一上一下，浮沉兩旋。紅光閃閃半虛空，瑞氣炎炎浮紫廓。取次入鉛，漏盡再添。滿天星宿浮沉轉，寶月金花劈面來。鉛銖又進，莫離方寸。看看癸水盡，方見海金鼇。急進鉛爻，壬水上潮。和風吹得金花散，散却盈庚見西孩。須用有力三人，互相輪换飲食起居、八門開閉、進鉛入炭、猛烹急煉，使朱雀炎空，紫神瑞氣，金棗花紅，火火生光，爻爻露電。進鉛不可太急，急則金烏不出海。又不可太緩，緩則玉兔恐傷形。水火交纏數足，無形合虛，曠然成質，壬水得金，自然昇上泥丸之頂，結就昱日流珠。鉛數投盡，退火封門，安金益水。進鉛三錢四分，保神固形，不可有動池鼎。冷定取出，摘下鼎中壬水，號曰青埃。或金盒磁盒封固，勿令洩氣，聽後人元配合。

銅符鐵券文

同志二三人，固守紫陽宫。黑以白爲母，紅以黑爲翁。中和天地髓，只此是丹宗。禹門三汲浪，漏滴令空空。殿上流珠滚，色似紫金紅。池中翻玉液，吹嘘藉巽風。玉兔西爲宅，金烏日上東。龍虎遥相望，會合景陽宫。抽取鉛中寶，火候莫匆匆。煅得金珠滚，珠氣上沖。眼見紅黄色，華蓋要嚴封。漏盡池中濁，浮清透蕊逢。

直指函文名曰「黃輕」

第二池煉鉛火候法則，與首池相同。仍換新池新鼎，固濟如法。將聖母不動，如有消耗，即添補數足。進文武火，投水鉛半觔，堅固基址。鉛乾一半，入聖母在内，大火鎔化。金汁清清明徹底，朱雀恍恍出南園。速進鉛銖，勿容太急。昨夜嬰兒初别母，今朝次子亦如前。再進鉛銖，銖銖如則。莫道黑龜初出海，也防風浪動人心。鉛鉛無差，火火一色。紫金臺上凝霜雪，白玉堂前母獨眠。策策丙丁昇，滴滴鉛入骨。鉛數投盡，明鏡無塵，退火封門。進安金之鉛二錢三分，寒爐一夜，輕輕敲取鼎上流珠，號曰黃輕。取下另封，移池换鼎。

銅符鐵券文

大道總無煩，鉛汞兩般是。鉛見汞施仁，汞見鉛施義。神丹一味鉛，内隱先天炁。媒妁丙丁公，調燮黃婆力。搬運賴河車，汞把鉛精吸。浮沉上下間，一一又一一。華蓋日日新，流珠號如意。黃鶴滿空飛，青天雷轟霹。乾金露紫華，休使鉛不及。但令四門開，上把玄關閉。一動鉛氣通，金池當固密。這般火烹煉，無形又無質。

直指函文名曰「金液」

第三池煉鉛火候法則，一一與前相同。將固池架三足上坐鼎，封嚴不動，聖體無虧，消耗補全，入築基池中，大火風開。三文三武黃芽長，再昇再降黑鉛功。火火大張，爻爻無易。黑鉛起手無生有，白金倒了有還無。依刻投鉛，愈加珍重。青龍退骨三迴轉，白虎翻身就地存。進進鉛爻，首尾如是。西池日月初相見，奪得清香各自歸。龍霞紅似火，眞火勝龍霞。鉛數進畢，退火停爐，入安金之鉛一錢二分。前三池是長男成象，震庚受符，共用安金之鉛七錢，以應天符「七日來復」之說。以後六池，則不用此法矣。退火寒爐，取出鼎上壬水，號曰金液。封記明白，又換新池作用。

銅符鐵券文

東出太陽晶，光華燦燦明。遍照普天下，霞入碧波城。晝夜東西轉，西沉東復昇。闔闢太陽母，萬象禀光明。乾坤天地髓，神丹大道根。坤乙月將晦，昏昏體太陰。踏見西南地，微微露一星。日遊東地陸，月漸望南行。七八光浮體，看看重壹觔。半黑又半白，白者是金精。若非三足力，玉兔華不生。十五臨甲地，丹光滿玉京。

直指函文 名曰「紅霞」

第四池煉鉛火候，與前俱同。不動聖胎，待母入池，大火風開，仍前進鉛，不得苟簡。三開三合產眞鉛，不是陰陽定不出。又進鉛爻，爻爻相續。金丹全仗庚辛力，壬不成庚癸不分。但看鉛壬，相濟白金。金水得合，凡子聖孫。華池母鎔，各要分明。紅光五色，裂火霞生。時時美景如金碧，日日花開樣不同。下手只銀鉛分散，鉛汞土銖盡爻空。寒爐一夜，取出鼎上壬水，號曰紅霞。收記，換池另煉。

銅符鐵券文

黑鉛天之精，白金地之液。黑隱水中陽，白有火之氣。黑白往來翻，拘來歸正位。二物性含情，丹經號同類。黑以白爲主，陰以陽爲配。陰陽混沌時，朶朶金花翠。寶月滿丹田，猛烹火鍛極。休閉通天竅，令其呼與吸。翻騰舉目間，烏龜自隱匿。精奇口訣功，火候在消息。凡中養聖孫，萬般只此貴。一日生一男，男男各居室。

直指函文 名曰「流金」

第五池煉鉛火候，採煉池鼎，一一相同。聖母入池，風開金汁，照前投鉛，常加炭入。金公百煉精神長，惟有眞鉛上下飛。又進鉛銖，黃白混沌。烹煎符火三陽運，九九流珠去母陰。認取鉛金，不黃不紫。日魂乍進嫦娥宅，覔得中秋桂蕊香。鉛盡壬昇，辛金自現，寒池取出，號曰流金。收貯，換池另煉。

銅符鐵券文

採得一味眞，丹胎母易陰。一母生六子，扶桑日已臨。池池俱似始，鼎鼎更奇新。上達紅羅景，銖銖氣騰清。莫使鉛埋汞，誣言有氣存。烜烜巽風烈，流金透體明。不爲堅剛質，黃輿自此生。癸以壬爲主，壬以癸爲賓。都依大道法，壬癸定浮沉。棄黜濁下濁，輕清靈更靈。如此浮沉法，蓋世不曾聞。火候薰蒸足，顆顆天谷青。

直指函文名曰「壬華」

第六池火候煉鉛、觔兩法度，一一大同。分鉛度數，不拘舊巧，變化在人施爲。煉過二三池，自生其妙。如流珠結少，神火不揚，煉已稍欠，神明不來，再行結胎之火，務使黃雲滿沼，陰極陽生，上下門開，紅光閃灼，露滴黃庭，嬰兒顯象，光逐神生，鉛如指頂。令其四方，以便作用。嘗令飲食滿腹，方可近爐，邪氣難入。鉛盡退火，取鼎上壬水，號曰壬華。收貯，換池另煉。

銅符鐵券文

玄元大道根，玉清不二門。除此一乘法，餘外卽非眞。煅煉鉛中寶，抽取銀内精。水濫車難轉，不及恐傷金。泛泛流珠滚，茫茫瑞氣昇。子母互相顧，黄白混相吞。恍惚陶情趣，三叠九重城。潔白令見寶，青青在去陰。洗出鉛汞骨，自然結精英。溷水荷花長，流茫浪湧生。除却眞鉛汞，休聽節外音。鐵券銅符旨，丹門仔細聽。

直指函文名曰「壬花」

第七池進鉛火候亦同。武火開化聖母，只待紅光籠罩寶月，方進鉛銖。透體紅璃，内外純白。癸生鉛後，陽産鉛中。火盛消金，金伐木榮。青赤黑白，歸於中黄。順其消息，以觀景象。池池飛紫粉，火火起祥光。上沖華蓋，滿室窻塵。萬里無雲天一色，十二時中見太陽。黄輿紫粉皆由此，白雪青埃見者昌。原來只是一味鉛精，以白金分去陰土。金乃水之基，水乃道之樞。只此二物，眞砂眞汞，皆自銀鉛而生，恍恍無形，冥冥有象。鉛盡寒爐，收取鼎上壬水，號曰壬花。再移池作用。

銅符鐵券文

布氣生靈液，含光天地先。根發浮黎土，苗生大赤天。八寶皆由此，靈明獨黑鉛。今知天地秘，煉此是良田。六陰成聖體，枯骨返黃泉。法用心心指，機關細細研。不得眞傳授，空勞志力堅。枉進通天火，淯脆怎留連。剛柔有表裏，陰陽稟自然。鼎内天中地，池中地裏天。潔白瑶臺上，素體淨如綿。母懷七八子，精神越似前。至人承授受，良因宿有緣。君能知插骨，南昌任汝閒。**蒲團子按**「淯」，道言内外秘訣全書作「淯」，道藏輯要作「青」。

直指函文名曰「紫金硫」

第八池火候池鼎，俱各易新。爻鉛九觔，築基八兩，煉法如前。至此手法純熟，知其昇降何如，多寡有則。流珠結少求乾父，折耗辛金補數全。金花原是池中藥，採得金花再莫言。一則分鉛之壬癸，二則洗金之垢陰。進進鉛爲藥，抽抽藥是鉛。知得用鉛意，神丹不是鉛。如日月交光，止盜其神，不盜其形，用神棄形，乃得長生。鉛銖已盡，取鼎上壬水，號曰紫金硫。換池另煉。

銅符鐵券文

黑取黑之髓，白用白之油。黑白共合體，油髓自然稠。嬰兒入紫府，姹女下重樓。媒妁中黃寶，修就紫金硫。下布長蛇陣，鸞鳳在碧遊。瑶池初浴體，未濟養三周。擒住南朱雀，眞土葬爲坵。火候同一二，法則似前求。三壬癸一兩，九陽足以收。九九八十一，不足照前抽。奪盡九六數，西山鬼哭愁。逆順顛倒理，爲尾又爲頭。

直指函文名曰「妙靈砂」

第九池火候法則，煉鉛亦同，入聖母在内鎔化，紅光籠罩寶月，方進鉛銖。水銀過度，神仙至秘。招攝龍精，賴於虎髓。不用鉛形，只用鉛炁。鉛炁何得，先求同類。同類是金，灰池用意。煒煒火功，外包鼎器。流珠得金分出，不與世鉛相同。見火則別，見金又住。從一至九，謂之煉己，是煉精化氣之功。一池至九池壬水，各自封固。壬水多備，以防後用。所謂「得藥忘年，煉鉛無計」，乃活法也。寒爐開看，母體白如雪片方好，號曰妙靈砂。如青黃，非鉛之眞氣，乃癸水未盡。必須猛烹極煅，浪湧波翻，方懷眞氣。

後有温養赤文之訣、返魂插骨之功，詳著如右。

人元九鼎秘訣

一鼎

人元一鼎丹，九九過鉛關。復用青都所，返出又迴還。辛金渾似雪，壬水化爲煙。子母平平入，五五育天然。霹靂三周火，分胎上下間。莫比塵囂事，篤志要心堅。一陽初復日，神魂一線纏。親授銅符券，鉛汞自留連。

訣曰　九煉辛金一觔，碎爲米粒，將首池青埃一觔，二物混合，入陰陽鼎内，神膠封固，鐵絲十字札住。外用泥包固，入未濟爐三足上穩定，勿使偏歪顛倒。周圍上下，淨灰蓋之。加頂火四兩，養一七二七。火六兩，三七。火半觔，温養二十五日。取出入明爐，先文後武，煅煉六六三十六時，鼎火一色。日足冷定，開鼎取看，變成紅霞，在上成質，如赤玉紫粉。辛金在下成一餅，外白内黃。再又過度。中乘一月一鼎。祖炁初傳，乍離母體，神氣混沌，魂魄不堅，不堪點化。再尋乳母，意志超越，爲出類拔萃之神符，有起死回生之功力。

二鼎

人元二鼎丹，躍出禹門關。復用希夷所，夜落曉歸還。日魂霞裏見，月魄滿秋天。兄弟平平入，五五赤文全。三十六時火，分開一二三。一子囂浮骨，二子志方堅。二陽來復後，開如雞子顔。親授銅符券，銀鉛鼎炭鉗。

訣曰　前聖金一觔，至此纖毫不折，不可傷動胎根，將一鼎青汞配二池流珠，共二觔，拌勻，與胎上下鋪蓋固濟，火候同前。温養日足，武火分胎，天地人三才定位。首子青汞如灰，虛囂則無神氣。二子似水晶，黃芽漸長成。抽出塵囂，謂之眞鉛。將此作長生匱。青汞三錢，伏光明砂一兩，再加丙火三日，氣絕形黃。將砂一錢，乾汞一兩。以汞一錢，化銅十兩。如此神異，變化無方，是宗祖之初功也。

三鼎

人元三鼎丹，飛出斗牛關。復用混沌所，牽轉白牛還。金鵞飛玉窟，赤鳳伏丹田。生熟平平入，宗祖出黃泉。六六時中火，江流動動潺。一二翠如玉，兩長力難堅。三陽來復後，開之碧蕊蓮。銅符鐵券旨，梧桐宿鳳鸞。

訣曰　前聖金一觔，將二鼎流珠配三池金液，共二觔，拌勻，與聖母上下鋪蓋固濟，手法如前。文火温養，子母薰蒸。武火煅煉，返魂插骨。日足周全，一進一出。留少去老，二子不用。要得硃砂死，先須死黑鉛。鉛精一味，砂倒汞乾。將二子三錢，伏好雄一兩。三日火足，其雄實死。死雄一錢，乾汞一兩。死汞一錢，化銅十兩。永成至寶，濟世扶危。無量之福，轉轉接養，化化生生。

四鼎

人元四鼎丹，九九勾蔓關。用意青埃所，朱雀進西川。紫府華池長，黃芽滿玉田。進退平平入，温養幼嬰顏。骨大精神壯，禁奈肅霜寒。父少兒子老，天道自循環。四陽來復後，中黄白玉邊。親授銅符券，神光滿上弦。

訣曰 前聖金一觔，將三鼎金液，配四池紅霞，鉛汞共三觔，混合一處，固濟、火候亦如前法。生熟相制，温養二十五日取出，明火分胎，仔細鼎器，寒爐取之。棄却三子，以養硫黄，聞氣而死。用硫一分，乾汞一兩。以汞一錢，化鐵拾兩。愼之愼之！

五鼎

人元五鼎丹，遍遍亦如前。離却神房所，雲霧滿山川。水虎不相顧，火龍怎出泉。次第平平入，虛虛輔浩然。汞長紅璃色，鉛枯面不鮮。抽鉛添汞法，父子不相傳。五陽來復後，月魄滿南園。親授銅符券，百日福無邊。

訣曰 前聖金一觔，精神漸長，與前不同，鼎鼎各别。將四鼎壬水與五池流金，混合一處，老嫩鋪蓋聖金。火候温養分胎法則如前一樣。日足開取，退下四鼎嚣塵，三錢伏雌黄一兩，聞氣而死。將雌一錢，化鉛一兩成銀。將銀鎔化，再點靈雌七分，成上色黄金。以此金造神室，伏養八石，各有變化。

六鼎

人元六鼎丹，關過又重關。洒落明堂所，珠珠子奉還。青汞八百歲，也要半觔鉛。來往平平入，金烏湧大淵。陰符不可急，陽火正炎炎。武短文長法，光華滿大千。六陽來復後，噴鼻味香甜。親授銅符券，不怕不爲仙。

訣曰 前聖金一觔，移入新鼎，以五鼎流金、六池壬華，共三觔，混合一處養之。火候、温養、分胎一一俱同。武火時候，切要謹慎，恐防走失神氣，則前功俱廢。鼎器堅牢，封固嚴密，則陽光自入黃金舍中，眞父眞母，合體傳神，須用天符火候，補復還元。金生水液，轉轉配合。日足取下，抽出天魂，伏膽礶如猫捕鼠，化鐵錫如風掃雲，爲聖金聖銀之體，萬古無更，見火則紅光直上，暗處似曉日光明，不與世寶相同。

七鼎

人元七鼎丹，金烏入廣寒。太極團團轉，封固密更嚴。乾生巽艮坤，坤生震兑乾。神火平平入，調燮要周全。芙蓉方結菓，粒粒在金盤。照破人天鏡，月食太陽肝。七陽來復後，玄玄玄又玄。親授銅符券，天上又生天。

訣曰 前聖金一觔，以六鼎壬華配七池任花，混合一處，入鼎封固，温養火候同前。退下六子，以伏砒霜，聞氣而死。至此八石歸眞，各有變化。鉛英伏汞英，金銀目下成。秘之慎之！

八鼎

人元八鼎丹，飄飄月正鮮。老蚌含珠養，明鏡水晶盤。雲收天霽外，嬰兒顯大千。翡翠平平入，四七運推遷。無質是眞汞，有質是眞鉛。二物一觔重，日午正當天。八陽來復後，紅菓綠枝顛。這般眞下手，跳出海天寬。

訣曰　前聖金一觔，已成庚體，以七鼎壬花配八池紫金硫，混合一處，火候、固濟、分胎同前。日足取下七子，養砂乾汞，靈妙無邊，點化七十二石，脱凡成聖。此神火之精英，五金八石之頑體，獨此補全。

九鼎

人元九鼎丹，巍巍象帝先。十月胎完足，九九復還乾。造作長生匱，砂汞骨毛寒。砂變凡爲聖，汞返聖爲神。一子經一月，過關换鼎間。轉轉鉛中煉，功成不用鉛。早將陰行積，隱跡在人間。鐵券銅符旨，秘密勿多言。

訣曰　前聖金一觔，將八鼎紫金硫、九池靈妙砂，共三觔，混合一處，温養火候法則與前俱同，不必一一拘說。胎罽作匱，靈妙難言。澆淋灌注，金笋黄芽，皆從此出。分枝接養，三變而化金麩，瓦礫自然成寶。聖胎九陽數足，丹母全眞，陰盡陽純，脱胎神化。開看，内外純黄，表裏透徹，光如水晶，似太陽初出，金星燦燦，神水汪汪，耀晃人目，五彩霞生，異香噴鼻，紅琉璃，絳琥珀，乃七返九還，煉氣化神。黑金煉白金，白金成黄金，黄金爲至藥，眞出世之丹砂，作昇天之藥祖。如要服食，懸入井中七日，退去火毒，烹成金粟。告明上帝高眞，擇日沐浴，晨昏向東，以清水服之，一日一粒，百日改形换骨，自然神氣相適，魂魄凝和。三期之後，周身九竅盡皆光明。修丹至此，萬事畢矣。

一轉至九轉，九九八十一磁盒，封固，外用壬水流珠上下鋪蓋，陰爐温養，自有三色四様之靈藥，池池殊異，鼎鼎鮮明。再尋至友，選擇名山，建立壇宇，鼓鑄神室。上下二釜，明堂正德，俱於神丹秘範載之。

東晉武帝，大道正行，諶母出焉，眞君授於吴猛，吴猛傳於謝廷盛。今玉輦龍車，金冠星服，永爲金闕之臣。神方在世，付賢授德，不可轉洩慢漏。咄！神仙費盡千苦，到頭只是煉鉛金。

天元秘訣

九天機要

夫神丹大藥，必須於金土；　窻塵過隙，皆禀於離符。九九乾爻，六六坤策。八兩水而八兩金，金水何虧？　半半清兮半半濁，雲霧自契。金一滴以清明，火一符而瑩徹。口訣精專，下手的確。仗一虎之權衡，降九龍之標格。于以體乾坤之象，于以顯日月之光。希夷闔闢，萬象自臨。準則抽添，毫釐依法。預制法器於壇中，先辨盆盂於左右。眞友職事，忠直温良。未造神室歸金鼎，且訪良朋輔聖基。龍虎拱朝，龜蛇伏翼。依按玄科，萬無一失。且守至誠，始終無異。何勞天上金烏降，且捉人間玉兔歸。煉出浮黎眞土，產出如意寶珠。吞食一粒，霞彩沖霄。未得之前陰德廣，臨爐之際不勞心。我將三段工夫指，片言無隱付隆君。夙植道根，不求自臨。莫把天機容易語，非人空閃喪其形。

水火直義

大丹用五會之眞火，不用凡火。眞火賴日生，黃帝將陽燧取火。陽燧難求，赤金亦可向日而取。大抵太陽乃天之眞火，其精自有，其光自現，日日皆然，月月如是。若以木石鑿撥而取，其性燥烈，非自然之意。不若當正午火旺之時，以火鏡向日取之，借日生火，亦是眞火。故云「日魂」。以象眞汞，又爲眞種，以足神丹之用，何必拘拘於陽燧也。

取水必賴方珠。方珠乃月華昇上，就水結形，性是純陰。八月十五夜亥子二時，當月華旺盛而取之。除中秋之望，餘月再不可取。倘德行未周，陰功未備，未盡格天之誠，必多陰雨之晦，水何由得？縱得眞水，一宵之取，能有幾何？養虛無神藥，眞火在下，水有消折。每一晝夜，抽添用水十觔之數，一年用二千五百餘觔之水。中秋一歲不過亥子二時，焉能注二千五百餘觔之水？不得此水，不合正配日魂月魄之意、天水天火之宜。若用凡水，又非眞種。學人絕路，豈不誤哉？今開方便之門，大顯沖霄之徑。蓋水者，乃月華之陰精，天一之神水，流液俱出於神龍。每年純陽之四月，乃神龍變化之時，其水有靈，大雨時行，多用磁器盛接，以物蓋合，勿令塵投，以便一年之用。未有一月而全無雨者。此亦至人變通之妙，何必拘拘於方珠也。

地脈直義

修煉金丹，當擇名山福地。岡阜高巍，前包後擁，坐子向午，使金烏玉兔，東昇西沒，左右輪轉。水澤盡美，竹木清奇。龍輔疊疊于宮傍，虎翼層層于神室。玄武隱隱如屏，朱雀行行列面。避塵俗之往來，斷常交之義友。修成璚島之鄉，勿邇尸墳之穢。上觀天文，下察地理。日有奇禽而鳴，時增異獸而遶。藏經隱史，露寶生芝。方可建立丹宮，自然仙聖降臨，地神擁佑，終始無虞，多生慶幸。

宮室直義

鼎隨藥置，室依鼎修。一間一鼎，三鼎三房。高一丈六尺，濶一丈四尺，四隅令空，重廊遶行。非齊雲摘星之比，非雕梁畫棟之華。四面置牖，或閉或開。鑿頂通氣，納瑞招祥。地平如掌，無坡無凹。縫咸塗塞，勿容邪穢。鼎室多寡，度量施爲。每一鼎之功夫，俱合天地、日月、三才、四時、五行、六氣、七政、八卦、九宮、十干、十二支、二十四炁、七十二候、二十八宿、萬象生成。正南開門，庖溷浴室，稍遠別造。確守威嚴，如臨君聖。

壇臺直義

旺方取上等黃土，蒸煉築實，仍用塑工，務令堅永。候至自乾，勿容急迫。壇分三層，應天地人三才。

下層高一尺二寸，分八角。周圍二丈八尺，橫徑九尺三寸。開八門。門各高八寸，濶三寸。各造土門，以備啟閉。仍各開路。透臺中心，虛徑五寸，以通風火。

中層高一尺二寸，周圍二丈四尺，橫徑八尺六寸。亦分八角，畫八卦符，水一、火二、木三、金四、土五。

上層高一尺二寸，中虛五寸。其度則圓，應「天圓」之意。周圍一丈六尺，橫徑五尺三寸。圖二十八宿之象，以及春夏秋冬七十二候。

臺上置太乙神爐，身高一尺六寸。四圍及底，皆厚六寸。內明堂，橫徑七寸。足高四寸。身與足通，高二尺。自底足及蓋，中虛五寸，與臺心等。造土隔於爐中，中間以盛火。碁厚三寸，徑六寸。其爐半露半藏臺上，畫青龍、白虎、朱雀、玄武四象於上，布十二月將之辰。屋簷之東西，則畫日月，象金烏玉兔之明。其神爐須擇黃道天德、月德上吉等日，於旺方取純黃正色之土，淘取極細，蒸曝潤浸，用紙筋杵熟塑之。再加白蟮土細沙，及代赭磁石，取四七合宿吉時，起手造成，陰乾，然後加火煅煉，封於臺上。

鼎器直義

鼎身長一尺二寸，通厚一寸一分，唇一分。分三級，其唇至底亦三級。內明堂，橫徑一寸六分，口唇横徑七寸。下有鼇足三分。一法用泥土，恐不堅。以九九煉淨熟鐵清汁鑄造。恐有漏眼，金汁不清者不用。擇五星連珠日、日月合璧日鑄之。多備以聽更换，勿容苟簡。鑄畢，奏告師眞，置於爐内。一年一鼎，不可重用。

上坎鼎入於下離鼎之内，畜水高八寸四分，圓一尺五寸，徑五寸，唇一寸二分。其腹至臍，一寸二分，用赤金造之。坎離二鼎，互相瞰入。其撥蠟之法，皆要細膩。所爲瞰的，平穩無纖毫縫圻音册，方用極熟細坭，仍加塑工。嚴密制造，不可苟爲。候乾，烘去蠟汁盡，方以金汁鑄之。

垣郭直義

垣郭以安鼎。用土日取五方細土，以水飛過，以楮汁和成塊，搗煉堅熟，形如鍋釜。其高九寸，厚九分，離鼎寬一寸九分，口署厰而圓。土日取土，火日造之。下塑八柱，令其堅固，一名丹竈，以坎離之炁，歸重屋之内。

神室直義

修煉大藥，全借神室奇器，分毫有差，施化難矣。先造蠟式，熟坭塑上俟乾，以辨正鼎之餘方可準，厚薄寬窄，大小圓長，依大道，用玄水，如法久煉。傍留一穴。固濟停當，用火鞠成清汁，以鐵杖通透，瀉於模式之中。兩釜各鑄，務令相合。上乾下坤，而爲中黃，變理陰陽。中虛寸餘，以生靈汞。生則爲玄牝，合則爲太極。鑄室取金旺之月日，三日出庚，制煉正模。止用前九池九鼎煉就金母鑄之。淨金一觔，鑄成止有十五兩。既鑄之後，眞氣因火漏洩，若便入爐，恐金精結少，玉液生遲，不能變化，徒費前工。必須用前取壬水，內外塡滿，多培其氣，入磁鼎固之。平火溫養百日，一月一換，爲三接氣。使精神完全，魂魄堅固。百日後，方用六一泥、石膏、枯礬煅過，代赭、黃丹、赤石脂並重羅灰粉封固口縫，銀絲十字紮住。外用聖金聖銀製造包胎，重重裹定，勿令有差。雌雄子口，相合爲一，形如雞子，外圓內方，能受天地之精靈，水火之養育。模取圓轉，土日造之。形高四寸，皆用周尺。

符鏡直義

八方懸鏡，各徑尺二，靠屋面鼎，四隅掛劍。其鏡劍鑄造及出没，巳亥正三刻，預入各職，威守寂靜。嘗如對待神明，用潔淨黃袱包裹，安於聖眞位前，晨昏奏祝。至土臨官帝旺日，一陽初生，安於丹室。金鼎左右，峙立五嶽。先煉五色土，塑五嶽形神，俟乾。至鼎底，平鎮如嶽，封固鼎縫，逐日祭告。至運行水火，各盡乃職。

陳設直義

創建丹房，造壇築垣，立鼎安爐，咸擇土旺日時，懸三元寶照以祛妖邪，插劍四隅以鎮鬼神。寶照，即鏡也。天照用甲子，乃六六首陽之日，取黃道神在金石合成日，方鑄明堂時大妙； 地照用壬子日，太陽望中時鑄； 人照用丙子日，太陽正中時鑄。各徑過二尺四寸。劍用霜降日造。古劍尤妙。符簡四片，太乙降宮時鑄，金石合日亦可。四方符篆，五彩旗令，並有規律。旗準五方之色，各長二尺，繫於鏡照之下，及重屋之頂。其十二元辰符、鐵簡符、四壁符、三臺符、八卦符、老君鎮壇符、二十八宿符，及金烏玉兔圖、四象圖，以上符篆，諸經史書中，各有載之者。每宮之內，供奉丹主周天妙化眞人、九陽威德濟生度死眞人，日宮太陽火德星君，月宮太陰水德星君，太乙主宰高上帝師元君，十二元辰本命星君，正一龍虎玄壇趙天君，飛捷報應諸天使者，傳經演教歷代仙師，丹房通事，土地正神，依法面鼎。每日十二時，香盤輪換，燈燭勿絕。火盤靠東北隅，用銅造，等稱以定火數。須用熟炭，庶無驚爆之患。水盤靠西南隅造，八銖杓添水。抽水盂盛已用之水，添水盂蓄未用之水。每宮之內，用二友司水火。銅壺報刻，乃抽乃添。須準八門，法遁三奇。

在天禽時起手，乃推陰陽二遁。推九天在震宮，則掛東方符，懸鏡一面於屋之東，上垂綵於東鏡之下。推九天在巽宮，則掛東南隅符，懸鏡一面於東南隅。餘六方以例推之。中央黃彩，却取天德黃道，與月德合日，子時正一刻，垂於屋之中頂。其四方符篆，於四七合宿日安之。並宜奏告元君、天使證盟。

潔淨直義

凡修大丹，先遠婬慾，戒殺生，行慈善，致齋沐，潔淨身心，方登壇安設祖師神位、香燈供儀。籲禱懇求，以祈神明祐助。待一陽來復之月，一陽生時，依法起工。甚忌僧尼婦女、雞犬穢濁。如或有違，神明惡之，丹道難成。每日眞友司察，考其功過，關防户牖，銅壺晷影，司財掌膳，典水典火，侍香奏白，步斗踏罡，糾其勤惰，動靜不苟，和氣從容，絕髮折齒，歃血結盟，立誓於雷將案下，共修物外之丹砂，同結逍遥之大會，他日功成，齊登碧落。

卦氣直義

天地變化，本於陰陽。陽變陰合，起於乾坤。乾卦用九，坤卦用六，各有六爻。乾爻六九，爲策五十有四；坤爻六六，爲策三十有六。合四時而倍之，故易曰：「乾之策二百一十有六，坤之策一百四十有四。凡三百六十，當期之日。」蓋陰陽起伏，生成朔望，萬物之大數也。聖人促年於月，促月於日，促日於時，每一時於二十四炁分得一炁，於七十二候分得六候。自子至巳，是冬至後、夏至前；自午至亥，是夏至後、冬至前。修煉大藥於十二時辰，進退陽火陰符，各吐寒暄氣候，運入中宮神室，互生變化，產毓眞精。每晝夜二卦直符，一年則七百二十卦，總計四千三百二十爻，應四千三百二十年之氣候。是知一辰之内，符火進退，奪四千三百二十年之正氣，歸於神鼎之中。大抵火候之數，以乾坤坎離四卦爲體，餘六十卦爻爲用。爻止三百六十。一爻爲一星，一星準一銖。子行陽火三十六銖。二十四銖爲一兩，餘十二銖又爲半兩。是知子時得陽火一兩半。前六時屬陽，其數得九，陽火則進九兩也。總計二百一十六銖。其餘少陽少陰，五日一候之數，不在正例。陰符者，自午至亥皆屬陰，其爻亦減止一百四十四銖。其數得六，六爲老陰之策。午退陰符二十四爻。一爻爲一銖，二十四銖爲一兩。是知六陰時得火亦六兩也。總一百四十四銖。前六陽時得九，後六陰時得六，陽九陰六之機，於斯盡矣。總三百六十爻，合神室一觔之體用。今九六止一十五兩，餘乾坤二卦爲鼎器，坎離二卦爲藥物，該二十四爻，爲一兩之數也。凡後學修煉大丹，遵明師旨，火是藥之父母，藥是火之子孫，口口相傳，心心相授，惟專於火。遜曰：「神室一觔，火數亦一觔，二物不可偏廢。今火止十五兩者，何爲哉？」元君曰：「鼎中修煉火符之進退，按天上月華之盈虧，故一日有十二時，一年有十二月，一時即一月。以上七日半爲春，中七日半爲夏，爲發生之氣。其後中七日半爲秋，下七日半爲冬，爲殺伐之氣。故火止十五兩，以按月華光滿之正數。若加一兩，則太陰過宮，以臨陰鄉喪魄之位。傳藥不傳火，火候眞機，盡於九六之數。子於晏處，其致思焉。」

沐浴直義

夫煉丹之法，足以周歲，止有十月丹成者，何也？蓋因二八之月，各有停息。二月屬兔，陽氣方盛，陰氣初萌，榆莢始落之候，止卯木之火，而益水安金也；八月屬雞，陰氣方盛，陽氣初萌，薺麥漸生之候，止酉金之水，而增火安胎也。修煉大丹，必用乎火。火準卦爻，斯定其數。不然則失其多寡之目。火雖有十五兩之進，至百日方透金鼎之中，微微有形，孕生金液。外煉一鼎，過百日後，開看金液如何。或如燈花雲躲（蒲團子按：「躲」，道言內外秘訣全書作「躲」，道藏輯要作「朵」），五象俱足。告明上帝高眞，取服一丸。服之百日，聚精累氣，接命延年，仍封温養。至周天數足，十月功完，無質生質，結在黍米玄珠，方爲靈藥。一鼎靈汞，服之則永固形骸也。諸友愈加精勤，直至三年神丹，九年白雪，十二神符，瓦礫成金，枯骨成人，形神俱妙，萬德周全，花開菓熟，遊賞太清。汝宜珍重。三卷瑯文，言窮意盡，吾返玉京。

九州仙都太史許眞君 著

石函記

石函記題辭

嘗讀聚仙歌，知「八百」之讖，自眞君始。眞君，許昌人，徙南昌，生於吴之赤烏，仕於晉之太康，而上昇於康寧二年八月之朔旦，時年一百三十六齡也。康寧距今，蓋一千二百四十二年有奇矣。而八百地仙，未見有應運而起者。豈讖爲不足信耶？

眞君之教，在忠孝淨明；眞君之法，在三五飛步；眞君之功，在斬妖呪水；而眞君之道，則在修煉金丹。拔宅沖舉，卒爲金仙。仙去之後，其貽示後人者，秘範而外，莫有出於石函之一書。張守發函得其書，謝觀復傳之朱明叔，朱明叔傳之鄭道全，淵源有自，斷非虛謬。今觀其書，藥物火候，備載無遺。而至言丹藥，蟠旋景象，尤爲明悉。非實詣者，未易懸解也。

余不敢自謂得其解，而讐校訛贋，使觀者因文得意，因意得訣，以爲「八百」之倡。夫有石函而讖爲可徵，有余之讐校而石函爲可讀矣。

明庚子仲夏朔四日一壑居士識

石函記

九州都仙太史許眞君　著

太陽元精論

玄元大道，無象無形，感於自然，而有動靜。動者，元陽也。元陽卽元精。元精生眞火，發生於玄玄之際，離合而成魂，乃日之始判也。明出扶桑，九炁澄輝，騰光遍照普天之下，所謂「陽明之輝，紅離透景」也。晶明照耀，增一作「湧」出龍光，結成金霞，玉炁珠彩，祥煙瑞光，滿於空中。雲藏九重，聖藏雲光，賢藏雲光，金藏雲光，玉藏雲光，珠藏雲光，香藏雲光，華藏雲光，水藏雲光，火藏雲光以上九炁，放種種光，洞照天地，分霞逐彩，布炁生靈。生靈者，始生一，一生二，二生三，三生萬物也。水陸並濟，不可勝計。至於幽陰糞壤之中，堅剛頑石之所，山巖草木，生地成形，善走能飛，凶妖惡怪，無不變也，無不通也。且能飛者，有尋妖逐怪之禽；善走者，有數夫不可當之獸；至大，有駝牛象馬之畜；至小，有芥粟微末之蟲。朽蠹腐化，胎生卵濕，含靈蠢動，無不從也，無不由也。各各禀性分形，因儀化質，隨方逐位，各分其色。得紅而紅，得黑而黑，得青而青，得白而白，得黃而黃，五色變易，感位而生，豈假染哉！　至於含化育彩，含化者，石中感氣化而生靈；　育彩者，乃色分淺白輕黃、淡紅微翠、深青沉黑、異綠奇紅，妙顏絕色，各得其態，皆神運氣化而成，自然之質也。　物得之者，氣禀有淺深，故色象無定體，任其大道自化者也。　故云：「無形之形，神化之化，可謂道也。」所謂在天懸象，在地成形，在石成珍，聚精而爲寶。　寶卽光明也。　奇哉！　大道如是，孰能結金華也？

火盛消金，金伐木榮。　木榮者，表陽而枝布，裹陰而華施。　陰眞君云：「金華生兮天地寶。」人會此言，眞至道也。　須臾，時分斗轉，象逐虧盈。　盈則木盛而堅青，虧則華伐而凋零。　何也？　始則陰陽相伐而成者，道之委也。　伐則華殘亂落，如飄紅粉，是「魂躍弄精神，輕紅飛魂靈」。　紅有淺深，粉有重輕。　色深體輕，飛而炎上者，若紫霜玄蓋，在鼎凝結，卽舊作「之」地黃金；　粉色淺，體重，養之色變庚黃，是火養鮫鮹，乃丹陽換骨也。

魂隨魄住，魄逐魂生。　魂耀紫華，魄以收陽。　收陽魂氣，入魄腹藏。　魂在魄腹，日月氣雙。　龍呼虎彩，虎吸龍光。　二氣吞併，籠罩四方。　合和四象，氣禀中央。　故氣一變而爲水，二變而爲砂，三變而爲汞，四變而爲金，五變而成丹。　此丹聚天地之靈晶，奪日月之光明，攝坎離之水火。　追地魄，合天魂。　龍虎作丹砂，飛烏走兔華。　和光同入室，惟尊九五家。　藥物是非理，白虎青龍髓。　根蒂出黃芽，金銀滿我家。　若將濟人命，人命永年華。　得服之者，飛天涉水，龍鶴可駕。此無它，皆藥之所化也。藥化者，火得舊作「持」神用，藥有靈通，道合自然，功成妙矣。

或問：「調和鼎鼐，吸九龍紅日之膏膘」，其義何哉？

答曰：鉛爲神器，器與神通。器因神化，神器合和，共爲一體，自然呼吸相應，則神隨吸至，光逐神彩，霞落青雲，流紅墜速，靈晶上降，撮歸水府龍宮養之。紫壽金胎，眞氣化爲金液，潛隨造化，汞自然生。經歷十二時中，循環戊己。蒲團子按　「撮歸水府」，「撮」，道藏、道言內外秘訣全書均作「撮」，道藏輯要作「攝」。

火分四正，則二至二分。二至則子午，二分則卯酉。論之則千變萬化，出入虛無，開張衆妙之門，現出昇天藥祖。得而修之，豈不長生昇雲，飛朝玉帝，爲清眞靈妙之神仙？豈容易而求哉？此道眞秘，煉士罕得而聞之，所以流浪生死，去仙道遠矣。

且夫龍光者，乃火中之精，晶中發明，明中出光，光中生燄，炎燄通靈。光明熾盛中，有金碧空青，圓光九萬，廣曠無邊，熒熒鬱儀之光耀。太陽南明，太陰北黑，南北相契，兩神相得，男女相和，水火相濟，水得火而生光明也。

夫太淵玄英者，純黑體也。潛形沉彩，豈能化現玄英？黑月因抱陽之氣，得以生明。積陽易陰，成其歲月。陽居其數，推遷不止，故有圓缺虧盈，常在晦朔之間。晦而生暗，朔而生明，故三日陽生，震動於東。太陽鬱儀之光，結璘生明，寄體西方之位。諭如結璘友於東西。道在得朋喪朋，是謂鬱儀結璘也。大哉！太陽鬱儀之光，淵明四隅，歸光於中，名曰五德。

五德者，五星也。光分萬象，各得微明，爲月夜照，曉則藏輝。晝夜交光，乾坤合體。月含其光，是日之精，故曰交光；曉出於東，暮落於西，故曰合體。大丹若不以日月交光、乾坤合體，更假何物而爲之乎？則非人間水銀硃砂、五金八石。所謂太陽玄元之妙也。乃飛魂騰化，則至精至靈；感而遂通，則至神至聖。非熒熒鬱儀之光，且孰如是也。是舊作「然」則日月循環，推移於上，而成其歲功於下。日來月往，南而復北，北而復南，故有死生之道。

死者，謂夏至之後，日窮南陸，陰氣以盛，陽氣漸消，道窮既極，極舊作「歸」乎坤元，萬物所以死也，而極於亥。生者，冬至之後，日窮北陸，陽氣漸長，陰氣日消，道窮既極，極乎乾元，萬物所以生也，而極於巳。日則運移南北，故有生死之道也。且夫冬夏二至，春秋二分，乃天地四正。春生夏長，秋收冬藏，蓋順天地陰陽生萬物，比夫大還丹之妙用，共爲一體也。

所謂法天象地，鑄鼎泥爐，須擇福地名山，方可建立壇宇。山要秀異，地貴朝陽，虎勢龍峯，朝山叠水，嘗有奇禽異獸，隱寶藏珍，遠隔丘墳，人稀跡絕，自然招福迎祥，凡用必生於賢貴，可作煉丹之所也。聖人能體天之道，法地之生，把日捉月，包乾畏坤，欲得烏精，先求兔髓，乃羲皇之取象也。

先文後武，合易道而行焉。水火抽添，得在於神功妙用，自然陽生於金室。且夫陽生者，復子將舊作「時」興，黄鍾應律，陽氣通行，漸歷臨泰，至巳則乾剛數盡，坤柔將至。陰生垢午，漸歷否剥，坤亥將終。運移歲月，丹道將成。子出母胞，脱胎神化。

垢午是離，火生汞也；復子是坎，水生鉛也。汞因鉛結，鉛因汞伏，子母相戀而成丹。道合自然，至精至妙，不可不思也。要在細求眞訣，志悟玄通，別假驗眞，是非可見。

吾因達日月懸明之象，千變萬化之機，生生浩浩，無窮無極，得之者，豈不壽同天地？何得輕議於非人哉？故少立道論非，成篇軸述。此言之精微，爲丹砂之秘籙，如同口訣。聽吾所囑，妄傳非人，殃禍疾速。戒之戒之。

日月雌雄論

夫南華日華至極至則極，金闕神室，圓明廣大，浩刦無窮，輪須彌兮無差曉夜，霞散落兮處暗處明，循環九十萬億日光之量，行健而布氣生靈。日華天寶，龍光照耀。烈火霞明，燄餤通靈。通靈達聖，恍惚飛魂。魂飛精靈，透體光明。光圓九萬，周匝金城月光之暈。陽洞之中，空青之林日也。須神龍化，中有金神月也。金剛密跡，紫霞日紅月黑，合而成紫鬱鬱。紫壽紫神，霞英英生。紫壽紫生，霞英紫靈。潛應而出，紫眞青陽。紫霞紫極，至眞至靈。生生相續，元始元晶。**蒲團子按**「恍惚」，道言內外秘訣全書作「恍惚」，道藏、道藏輯要均作「恍朗」。

元晶乃英靈獨透。元始者，爲萬寶之初先也，傳萬氣之祖氣，藏萬物之元氣。氣本無質，神運氣化，上則經天，下則緯地，交躔如度，合景如梭，一往一來，南而復北。日道南行，萬物形消。數極日，迴北陸，萬物潛，應皆生。黑赤二道，交躔黃道，運行南北。人能觀天之道，執天之行，招攝龍晶，虎飡霞餌，須是玄門匠手，能修金鼎。調燮則以陰陽盜虛無，自然成質。

虛無何有，象逐何生。幽陰隱兮內懷鉛，德火動兮外陽舞。空騰光八萬丈，下臨神室。無窮流霞駐景，深入虛極之庭。補助河車，運入明堂，正德寶華，光滿五彩。霞生兮化青青之眞土，火動兮變灼灼之紅蓮。慘陰無光兮眞鉛沉黑，舒陽現明兮眞汞浮白。潔白見寶兮可造黃金，魂定魄凝兮片片霞新。馬齒如霜兮水銀成粉，能點死尸兮歸魂復醒。其功莫測兮鬼神莫能窺其奧，火數難明兮至聖莫能知其用。玄元妙化，若有若無。若有者眞鉛而有象，若無者火自於虛無。離火虛化兮華化火，華化全憑兮火化功。孰能用兮無中化火，丹砂就兮火化無中。有火隨爻變，無（一本無此字）火逐無生。丙辛之氣兮化眞水，能滋乙庚化眞金。丁壬之氣兮化眞木，能滋戊癸化眞火。

甲己之氣化眞土，能生萬物爲丹母。父母傳胎列名九（月行九道，八道四圍，黄道居中），九道元年（月行八道已周，復行黄道爲元年）是曾祖。子子孫孫子繼父，乾道成男坤道女。青道氣出黄道東，迅雷忽發昇青空。雷天大壯震東卯，四陽應候榆華老。凋零落葉亂紛紛，斗轉星移魁在卯。白道氣出黄道西，鬱鬱金華生金雞。金生西旺兑西酉，薺麥何曾不（一作「又」）衰朽。四陰風地觀斜陽，斗轉星移罡在酉。赤道氣出黄道南，熒熒赫赫常炎炎。正陽火旺離南午，巳午至丁一陰祖。天風姤起火斕珊，盛極則衰衰在午。黑道氣出黄道北，華池神水元烏黑。黑中漸長一陽生，復卦因兹發兆萌。黄鍾建子漸通理，天地經綸復更始。日行黄道運其中，月行九道爲太一。九道九鼎至神室，上古軒轅曾制服。黄帝乘龍昇紫微，七十二臣皆羽客。登雲天兮步虛空，飛入金城兮丹霄偃仰。從兹得作眞詮客，曾遇神君贈大藥。隨鸞從駕經峨嵋，不枉區區受勞役。茅茨不剪路難行，荆棘侵天没遠山。峨嵋嶺峻難登涉，禮請皇人駕返（舊作「晚」）還。不受旁門並小術，不言噏唾成金液。不煉小便爲秋石，不言辟穀與休糧。不解搖肩並數息，不曾閉目弄精魂。不言握固擒魔賊，不言陰景滋靈物，不言三峯御女術（**蒲團子按**：「三峯」，道言内外秘訣全書作「三丰」，道藏、道藏輯要均作「三峯」，今從「三峯」。）

成道成仙上上機，世間學者不能依。說與凡流都不信，讀了《旌陽記》可知。

藥母論

夫丹道者，非人間五金八石、硃砂水銀之所爲也，是無形合虛，曠成虛無，是謂眞虛。眞虛之體，還丹之基，大藥之母。

大藥之母何形容，形容體貌緣何質。質者混成中有物，有物來居象帝先，帝先眞虛合自然。眞虛自然合色象，色象之因神運轉。運轉眞虛虛不空，不空之妙有神通。神通神化神色黑，黑者玄元藏道德。道藏玄德大淵深，深廣淵源號北溟。北溟廣大生浩浩，浩浩無邊無極道。無極大道道生一，一極高明先天得。先天故爲元始精，六百萬年道生成。生成成道緣宗祖，能生萬象爲丹母。母鉛黑，母鉛黑時緣何得，黑成水六元居北。上應星辰主化育，下生鉛精含五色。色化青黃白赤黑，黑者玄元是水基。

水者道樞其數一。一者，坎中眞一之氣，符合恍惚，杳冥相須。杳冥象龍得龍之氣，相須象虎。虎龍之初，夫何有乎？陰陽感激，無形合虛，虛生於有，有生於無，無爲之始，有爲之母，四象之首，五行之初，丹砂之樞紐也。樞紐者，水火二氣相交也，水火相爍也，陰陽相勝也。何以明乎？略試之。

且壺中日月，是水火之氣。水氣潤下，火氣炎上，上降下昇，相交相迎，相迎相接。水激火滅，火滅爲土。土能生金，金能生水。金水相生，遞相含孕。滋金而益水，益水而滋金。金水相符，潤澤肌膚。肌如瓊酥，素眞玉華。延遐無價，無價眞珠。丹砂形軀，夫何有乎？無質生質，水火相滋。二氣相須，無形合虛。

合虛之體，體用一觔之數，數分兩弦，覆仰兩圓。論未合之先，先定上下。上弦數得八，下弦數亦八。以二八合上下，得乾坤之體。乾坤體一觔，丹道正不傾。剛柔有表裏，金水分兩停。陰陽有輕重，有無互相用。互用展三才，乾坤合體栽即「栽」，一作「哉」。乾卦象天覆者也，三畫體連；坤卦象地仰者也，六斷通氣。氣通往來，三連通開，爻開六斷。乾卦三變，坤卦三變。乾連坤斷，斷續連開。黑白往來，大哉黑白。陽種陰栽，栽培育種。種出黃芽，黃芽生汞。汞吐三華，汞結成砂。砂如金粟，一粒一服。服食百日，改形換骨。骨變金石，形神相得。形神俱妙，壽無窮極。金砂聖德，無質生質。質生於無，卦爻相符。符合震兑，坎離交會。四象虛無，不可畫圖。元精難覩，無形合虛。

無形之形，虛化之化。化丹砂者，自然也。丹砂化生於自然者，妙用也。妙者少女，少女屬於兑方金。金母金父之位，長養隄防者也。長者，一也；養者，四也。金水乃四一。三日配庚，庚生兑户，兑生乾父。乾者金之母。煉金體以水火爲基。火盛消金，金化爲水，和融周章。其水北轉而東流，滋震木之蒼蒼，生角亢之龍光，荷南方之熒惑，爍奎婁之氣，整庚辛之位。位應西方，太白金堂。金堂虎房，調理陰陽。陰含陽房，照明日所。赫赫神方，紫華鬱鬱。光輝耀日，日耀玄空。光明相通，上下貫通。三才水火，發爲寒暑。火昇水降，同日月之往來。水火隨日月，日月不虧明。砂汞與鉛銀，鉛銀同一種。

一種靈苗神異藥，黃芽一鼎分二八（一觔之數）。二十四鼎始華池，終則神符生白雪。神符白雪能返魂，下士聞之生謗嗔。生謗嗔，爲何因，既死如何得返魂。既死永休魂魄散，魄散魂消何處尋。徐福經年採藥去，仙草靈芝無覓處。蓬萊仙草既無形，且道返魂何處據。我今說汝返魂藥，返魂須是天魂魄。此是人魂正祖宗，返魂再活死形容。迴體再活復如故，再生人世何法度。何法度，所生元胎魂父母，父母元胎不可論。浩浩生生萬種魂，種於稼穡孕生胎。胎卵濕化化生中，或人或獸或禽蟲。人獸禽蟲皆禀性，性命相連魂繫命。魂是金精作命基（受命於太陰，寄命於太陽），命基養性魂相隨。性命相連繫魂魄，魄屬杳冥（眞鉛）魂恍惚（眞汞）。恍惚杳冥二氣精（眞鉛太陰精，眞汞太陽精），能生萬象合乾坤。乾坤大哉合門户（姤復爲乾坤門户），易蘊乾坤合烏兔。烏精兔髓與魄魂，相帶相連屬性命。煉魂煅魄作神丹（太陰太陽自相煅煉，人得其藥爲丹），攝召魂靈能返還。不是神符（十二年）並白雪（九年），一鼎丹砂效也難。一鼎丹砂可服食，久服回陽能換骨。回陽換骨作眞仙，須是神符並白雪。大哉神符眞白雪，返魂再活生徐甲。此是玄元至妙門，小法旁門定不能。旁門小法術雖眾，不能勝極眞鉛汞。眞鉛眞汞眞龍虎，龍虎輝光似盤古。始青太陽之下虎太陰爭明，奪神光兮分黃青。龍虎精光兩相射，採入蓬壺金世界。中有留光聚寶臺，寶華圓滿光明開。光明開，光皎潔，五色紅璃太陽籠寶月太陰。忽然寶月罩紅璃，互相籠罩光相結。水火交纏混日月混於日月之中，日月合璧如連環，五星連珠貫五行。貫穿五行不散失，自然水火生神物。神物異，南極老人星呈瑞。星呈瑞，神助太陽生紫氣。紫氣如煙直上騰，上衝華蓋鼎中心。鼎中盤結如霜雪，上降下昇相交接。交接相連五枝柱，玲瓏伏如珊瑚樹。珊瑚散索枝零落，陽剛漸長陰弱剥。剥盡羣陰陽氣加，丹成九轉結紫華。紫華光裏撮金華，撮得精英五帝華。

彩霞精，分五名：朝霞明，暮霞神，落霞靈，飛霞降，火霞迎。迎霞嫁，嫁還家。家生五福眞貴霞，妙靈砂；吉祥萬瑞大亨霞，廣靈砂；嘉瑞眾尊拱龍霞，紫霞砂；普濟羣仙萬歲霞，萬靈砂；點石爲金如意霞，寶靈砂。

五霞五名五靈砂，太上玄元聖祖加太上玄元祖氣加入其中，加爲五鼎紫神砂。二十四鼎二十四氣分五鼎七十二候，五個七十二候爲五鼎，加添水火煉成砂。歲月連連相接接，十二年神符九年白雪，轉轉增添加日月。日月增添水火加，陰符陽符不可差。不差不凶不改變，白雪九年重入轉。入轉砂，神力加，神符神藥藥變化。

藥屬陰陽，陰陽屬卦。卦火相扶，陰陽相駕。陰陽推遷，整續無暇。整爻續卦，隨爻變化。往來不定，上中與下。八千六百四十卦十二年之卦，乾坤坎離計四卦。離卦火昇上，坎卦水潤下。坎離水火相驅駕，相驅相駕火隨卦。卦火舊作「屬」虧盈還本源，返本還源源又年。又年又月月又日，日合元符九道元年之符火記曆。火合元符記不差，火華疊疊累精華。

至神至聖至靈至極不可加，其福無量無邊至極不可加，廣大神通靈變至極不可加。三不加，此是玄元聖祖砂。三鼎砂： 六年紫靈砂，七年紫壽砂，八年紫金砂前五鼎爲紫神砂。合此三鼎，爲八鼎。至九年九鼎爲白雪，十二爲神符，不可以「砂」名。上品上藥，藥靈紫篆。神藥神符，自天降地。隨宜化質，鬱鬱神祥。萬瑞萬靈，至尊至德。變化無窮，不可加。曾將一粒遍天涯，既能濟命復濟家。人能聞早勤修煉，上帝還君昇大羅。

藥物是非論

夫乾坤交媾，萬物化生。乾而不元，元而不亨，亨而不利，利而不貞，則違天背元，陽無所施，陰無以萌，故上不降而下不昇，天不氤而地不氳。既失沖和之造，萬物何從而生哉？是謂藥不正而違天，火不合而背元。火雖動而天符不應，靈不降則魂以飛揚，藥不正則風雲不濟，虎無形則杳絕龍光，丹砂何從而生哉？是知丹須藥化，藥自自然也丹生。金碧經云「轂爲金精，水還黃液」者，藥之化也。藥化則火動華浮，逈然獨異。母舍波生，湧成黃液，是太陽之精氣，號曰流珠。流珠卽流汞也。日魂欲降，如露華滴珠，聚而爲水，流而爲液，凝而堅冰，結霜玲瓏，珊瑚屈曲，華英桂樹，寄名偃月靈芝，結成大寶珠。火運三光，靈輝照夜，此是陰陽相濟。巽艮還坤，陽往陰來，明消生暗。明消者，九盡也。九盡則陽光漸斂舊作「亮」，神符藏輝，光耀隱明，靈砂伏體。生暗者，六生也。六生爲陰符之始。九二晦乙，六三壬癸，圓歸黑體九二於辰爲卯，乙從卯。坤原納乙，故曰晦乙。六三於辰爲亥，坤之本體，壬從亥。坤原納癸，故曰圓歸黑體。此乃乾坤終始，相逐交生，神變靈通，藥之化也。自然招霞攝彩，聚景生靈，引赫赫之日苗，孕圓明之神藥。昭符造化，虎瑞龍祥。五音互奏，瑶光結琥珀金膏；六律遞遷，丹砂點紅瑠瑪瑙。火虛明而經陰陽出入，二分則金盛木榮，鋪舒藥化。藥化者，是朱雀調運，化得甲乙，而滋丙丁，滋養朱雞。雞屬西位，化兑而爲金。金生於水，配合壬癸。水生於金，氣禀庚辛。金水相生，自相含孕，在母胎中，曰金胎水母。水火消爍，或沉或浮。浮者砂汞白，沉者水鉛黑。浮沉不定，杳難窮測。太上曰：「視之不見，聽之不聞。潛藏造化，拘逐時分。」

時分於子午卯酉也。復子則魚鱗甲鬣，姤午則馬齒如霜，壯卯則琅玕鍾乳，觀酉則羽翮摧傷，剥戌則有似犬牙，坤亥則陰生陽化。夫坤生震兑乾，乾生巽艮坤。且乾納甲壬，坎懷六戊，艮合六丙，震照六庚，巽成六辛，離藏六己，坤包乙癸，兑感六丁。八卦從乾變凡論造化，以十五爲始，十干合天元。東方甲乙木者，青龍也，位角、亢、氐、房、心、尾、箕七宿，其形如龍，在於東方，故曰青龍； 南方丙丁火者，朱雀也，位井、鬼、柳、星、張、翼、軫七宿，其形如鶉鳥，在於南方，故曰朱雀； 西方庚辛金者，白虎也，位奎、婁、胃、昴、畢、觜、參七宿，其形如虎，在於西方，故曰白虎； 北方壬癸水者，玄武也，位斗、牛、女、虚、危、室、壁七宿，有龜蛇之體，在於北方，故曰玄武。

八卦乾成象，四七二十八宿運神功。考日纏南北，推月度西東。運移隨斗轉，變化在其中。中有靈砂鼎，乾成水銀粉。點汞做黄金，何啻千萬鋌。濟世不爲多，未足爲神聖。服餌作飛仙，白日昇青天。超出三界外，不被五行牽。我命方在我，永脱幽冥苦。若非大還丹，誰免歸泉路。吾不敢虚説，學者當自悟。盡述三才理，乾坤盡終始。砂汞與鉛銀，情性本同根。會得聖人意，造作黄金匱。產出夜明砂，丹砂號如意。煉成無價珠，壽命同天地。

得其理者，須當愛敬。覽此文者，與君證信。學者味而詳之，作丹房之明鏡。

丹砂證道歌

教子眞妙言，令子知道元。無名天地始，我得天地先。有名萬物母，萬物復洪源。聚陰以爲地，積陽以爲天。盜得三才理，丹砂合自然。乾坤眞正德，晃朗生靈質。杳杳復冥冥，迴光含太乙。金以砂爲主，禀和水銀母。太陽離火精，射入希夷府。靈英透景明，光華赫然住。白虎吸紅璃，金華生玉芝。欲凝成至藥，萬化隨爻策。丹象逐爻銖，靈通難畫圖。寶結藍天碧，霞光分五色。一號紫金紅，二名飛白雪。三曰天谷青，四號黑鉛液。五名中黃精，固形萬萬春。百骸搜九竅，是病都除了。救却老殘容，身輕髮不皓。續齒如銀玉，視暗如燈燭。隱跡在人間，積行施陰德。不是戀繁華，玉清朝未得。病者卽與醫，貧者贈黃白。學者遺丹經，指陳道口訣。功行一朝圓，天書朝太極。眞藥便是鉛，眞汞隨火發。水火應天符，不得差時節。四季若不調，寒暄不應律。仲冬如炎暑，仲夏濃霜雪。多應更漏乖，晦爽不明白。坤火衰將滅，陰侵萌未發。水盛坎消陽，火多將伐木。相尅不相生，陰陽不順律。火金不返還，斗錯移南北。四七亂縱橫，璇璣皆喪失。煉士審思之，留心仔細推。知之不必言，在勤而行之。此書萬遍讀，名曰上天梯。

聖石指玄篇

萬象虛生何所約，妙化本因丹汞作。扶桑東出金烏精，炎燄羽毛光爍爍。飛走陽火名日魂，暮落朝榮晦還朔。紅輪駕起景陽車，循七天七成火還六地六成水遊匡郭。現出眞精透體砂，爍石流金孰辨博。光濟乾坤受日霞，萬物生因丹化作。丹砂則非有爲物，不煉五金燒八石。太虛中有顆還丹，化作夜明珠不識。珠光鬱鬱現丹霄，玉兔澄輝逐卦爻。坤生震兌乾作一作「將」巽，艮坤終始復陽爻。陽往陰來神聖藥，仙眞號曰紫金丹。一點瞽人雙目明，二點枯骨再生肉。三點頑石化作金，四點長河化酥酪。五點春華不墜葉，日月長開永不絕。凡磁瓦礫盡成金，朽物沾之色變新。勞瘵傳屍若得藥，服之立効便身輕。愚者只言身內物，盡向房中尋配匹。卽非身內氣和精，精去氣消何所入。百骸解散盡遺亡，老倒身枯成癖疾。聖人言此總成非，爭如煉取黃金液。師言金液爲何因，盤古初分大道根。本是龍精生虎髓，甲乙庚辛化壬癸。丙丁朱雀火神飛，飛下玄天合戊己。上降下昇三十六北極出地三十六度，南極入地三十六度，赫赤交躔在南北。微微騰倒天地精，妙造盡從三五一五日一候，三五十五日，三五復歸於一。三五與一何所云，生天生地亦生人。生天生有回天力，生地堅牢萬物榮。生人人中分貴賤，福淺丹砂豈能煉。志士先須認取鉛，不辨眞鉛枉修煉。天有五賊見者昌，鉛含五彩態殊祥。生自無名天地始，有名萬物母非凡。非凡通聖人難識，卽在玄元藏恍惚。杳杳冥冥期至精，激陽爲雷生光明。光明盤旋分五色，下有鉛精人不識。春無草木夏如冰，秋不聚霜冬没雪。含和長養漸通靈，黄芽不與世鉛親。黄芽養經八百歲，化爲青汞卒難尋。青汞水銀難尋覔，周流四大無窮極。青汞又經八百歲，化作青金轉難得。青金本是青龍骨，生數爲三成數八。三八數終汞氣青，化作青埃飛上昇。上昇永作仙人禄，浩刦元明爲五福。蜚翠景雲曰青埃，昇赴青都歸所屬。翠華盡入紫陽宫，昭陽殿起龍光紅。光明晃耀照無窮，極陽絶景揚清空。鉛分五彩餤飛空，青赤白黑黄居中。熒熒皎皎色融融，紫神瑞氣丹霞籠。萬神呼吸鉛氣通，玉童玉女啖太空。飡食其輝天老翁，羣仙飲食壽無窮。先朝玉帝見玄穹，説是還丹藥祖宗。此鉛不與世鉛同，懸空晃朗朗懸空。落霞光透水晶宫，隱明（日月氣雙爲隱明）內照金雞（昴日雞正屬兑）容。呼吸風雲會虎龍，龍呼於虎虎呼龍。浩氣結成眞至藥，人飡迅速入雲中。改形换骨身飛空，貌同元始天尊容。共分一氣天地同，返本還源是祖宗。説盡萬般差別法，總與金砂事不同。住世鉛精五金主，七十二石之父母。煉士英靈採得來，傾下先須去陰土。鉛砂摶成如土塊，六一固濟相愛護。用火煅煉一晝夜，火滅煙消土化灰。騰鉛倒製入灰池，火發鉛鎔化神水。神水元因出白金，先取白金爲鼎器。白金卽是水銀胎，返本還源水銀製。水銀便是長生藥，不是凡間水銀作。朱雀炎空飛下來，摧折羽毛頭與脚。水銀緣此不能飛，煉作金丹爲大藥。更言恐怕洩天機，此言聞者世間稀。不是叮嚀頻囑付，好色貪財如獸畜。如違戒約有神明，攝入酆都罪不輕。更有九泉無限苦，不可等閒容易語。等閒容易洩非人，萬劫沉淪受冥苦。

神室圓明論

凡世間萬事，有一事之非凡。非凡者，乃眞一之事也，述還丹之道也。學者甚多，皆不見根源，難窮本末，所以千舉萬敗，竟無一成。果世稀遇者哉！

凡修大丹，要在築壇。旺方取土地，擇吉祥，不得妄爲，妄爲招殃。壇有三級兮分丈尺「分丈」舊作「方八」，非是，上下不等兮各有繩墨。上有一層高二六，上按九宮兮九曜九位，上方闊一丈六兮二八之數。中有一層高二五，中分八卦兮壇中之心腹，中方闊二丈四兮按二十四氣。下有一層高二六，下列八門兮開閉有度，下方闊二丈八兮按二十八宿。四面卓劍兮鎭壓四方，八面懸鏡兮照滅邪殃，掛五色彩兮依位逐方。壇上有竈兮名曰神爐，神爐出没兮爐收火氣。收火氣兮而聚鼎，鼎受火氣兮養神室。以上言壇竈爐鼎。

神室圓明兮非圓非明。非圓兮狀如雞子，非明兮逐月而生。金鼎偃月如鍋釜，神室爲子兩分尖。入鼎定鼎鼎難定，入鼎横胎倒鼎偏。倒鼎明堂失正德，横胎用定亂陰陽。日月不交金木竭，情性相離不相接。男冠女笄失時年，氣不交兮體不合。只因法象有偏僻，致使乾坤不交接。坎離南北亂縱横，東西卯酉難分別，水火失位金木差。分龍潛變一作「鬼」，匿失天際之歸舟。殺氣隨風，耗散則龍無形著。蓋謂金胎失產，雞兔相離，覆載無端，傾失神水。若欲求烏並舊本無獲兔，須憑匠手立乾坤。入鼎調燮，重整陰陽運日月，始得依方逐位，金木交併。運火氣而生日精，伏金水而滋月魄。東西南北之氣，並降歸金鼎之中。虎瑞龍祥，咸結於杳冥之内。混沌交光，光輝寥廓。寥廓眞空，眞空煉妙。煉妙眞空，眞空隱奥。隱奥煉妙，妙煉庚金。妙分少女，兑體生壬。此言煉妙成神室。以上言神室。

神室明開神出没，出爲明。此言「此言」二字舊本無煉妙合爲靈。靈質玲瓏神爲氣，氣無質。氣入杳冥通恍惚，恍惚中居中有靈。此言妙氣「妙氣」一作「煉妙」合爲神。神運氣，氣生靈。靈爲子，氣爲母。玄元聖祖豈虛言？又言煉神合於道。煉神合道非常道，宜向陰符細尋討。觀天之道天若何，天有銀河室神室有河。室有星河布列宿，張翼午飛兮虛危子逐。二十八宿運推兮，水火交躔在南北。觜參西酉相命合氐房東卯，白虎青龍在兩傍。虎嘯風生龍吐霧，霧霞紅，紅勝火，亂紅碎碎成顆顆。顆顆粒粒眞珠紅，紅英紫脈生金公。金公水土相並合，煉就黄芽成白雪。紫砂紅兮亂飄飄，亂飄飄兮青龍膏。紅粉少，白虎老，煉就龍膏並虎瑙，長生殿生如意寶。點金萬兩何足道，能點衰翁永不老。此言神室中藥物。

長生殿樂萬萬春，麗日滋生天柱明。天柱明時魂交魄，蟾蜍兔髓汞浮白。魄感魂華生玉芝，廣寒神舍嫦娥宅。飛光砂起震離東，金烏太陽飛入廣寒宮。燦火煙霞龍吐霧，絳砂墜落紫金紅。紅英紫金金英紫，金英紫篆紫霞縷。縷金光透紫霞煙，紅紫混成藏金色。紫華耀日昇金碧，金碧空青生紫華。翠霞澄碧接青霞，霞英靈景靈砂液。砂脱離紅青碧色，象則成形現杳冥，散則龍潛如鬼匿。此言神室中景象。

如鬼匿，飛走水火難尋覓。砂汞附形生水火，不得眞鉛實不可。實不可，砂隱鉛中石隱火。擊石見火火生煙，不擊無煙體自然，砂隱鉛中亦自然。水養火滋方舊作「才」感激，感而遂通生金液。金液通神萬古靈，熖熖通靈氣與神。神奔氣運風雷鼓，鼓動風雷火生土。坎戊玄土金爲父，離己牝土汞爲母。汞爲母，太上語，天下有始兮以爲天下母。天上蒼蒼，晶靈飛光。眞靈感召，砂汞飛光。以上言砂汞。

飛光砂起舊本無炎火逼，逼逐熬熬聲悲泣，其聲河上應虛北方宿張南方宿。虛張何生，水激火烹。火烹兮姹女氣索，水激兮嬰兒脱黑姹女、嬰兒，内水火；水激、火烹，凡水火。脱黑則潔白見寶，氣索則色變紅離。以上言水火。

變紅離，太陽明，太陽舒光爲日親。日初新，汞初凝，鉛汞初凝兮丹象何陳。丹象於天，出爲日月。日爲流珠，元氣虛無。透金入石，神出鬼没。神出兮神昇天門，卽曰天魂。鬼没兮鬼入地户，卽曰地魄。天魂地魄同宗祖，互爲室宅分子午。水火交，火生土，二土成圭銀化金，離中火含坎中精。離中精光，天乙伏藏。天藏其光，明亦不出。隱明内照，外通光耀。光耀圓空，光明相通。是金火交光，分明照耀。耀者離雌，照者坎雄。離雌坎雄，光明相通。通雌入雄，變化無窮。聖日聖月，靈運潛通。紫靈神藥，藥有神通。通神陽火，燄燄燒空。飛光布氣，感而遂通。玉芝丹質，透霞入紅。入紅兮火華疊疊，透霞兮華彩重重。以上言日月。

華因二景，眞木眞金。眞木東方兮震雷火生，震爲長男兮震木生火。震三爲龍，龍從火行。眞金西方兮兑藏金水，水能調庚。兑爲少女，虎嘯風生。風雨形聲，迅速不停。形聲色影，金木交併。二氣降靈，搏成金精。金精大藥，中有五行。五行神水，神水金漿。神水神火，兩物相親。火中水處，水中含金。以上言五行。

太陽眞汞受金氣，震合庚辛入酉位。震受陽符漸成九，爽利舒光震初有。從初入轉震生靈，坤初六變成初九。震照六庚庚屬酉，震雷五日爲一候。震來受符六十時，陽遁上元終則始。終於震卦始成兑，兑逐陰符坤六二。交爻變象莫能窺，六二換陽成九三。此是金來入火鄉，月行丁位半輪光。金何爲火，何以兑感六丁。丁屬己，兑屬金，丁屬火，金火相交。火生土，土生金，金火始兑。當五日爲一候，兑來受符六十時，陽遁中元終則始。終於兑卦始成乾，陽往陰來任自然。陽極乾，陰極坤。乾終九，陰終六。六二六三兮三變成九，九三夕惕兮成乾。乾體盛明兮圓照東方甲，六甲屬乾兮乾當三五。乾當三五爲一候，乾來受符六十時，陽遁下元終則始。陽遁下元兮前三五，朔積一百八十時兮象半年。德就乾體交二八，陽極陰生兮乾體滿，退陽就陰兮轉受於巽。巽統陰符坤初六，六辛成巽，成自十六。十六至二十六，巽將生艮。巽當五日爲一候，巽來受符六十時。陰遁上元終則始，終於巽卦始成艮。巽艮交爻象已定，象已定，艮合六丙當受巽。六一巽，六二艮，六三加臨陰已盛。陰盛水旺火將殘，二十三日屬下弦，下弦艮火自合虧。艮當五日爲一候，艮來受符六十時，陰遁中元終則始，終於艮卦始成坤。坤象黑乙癸，六三兮坤抱乙，六三屬坤兮三十日。坤當五日爲一候，坤來受符六十時，陰遁下元終則始。始於前，前三五。終於後，後三五。六候昏明受寒暑，昏明晦朔運推移。晦積一百八十時兮象半年。前弦之後後弦前，六候三旬象一年。一年全用十二節，卦火虧盈逐一月。一月六候一周天，先天而後續後天。時計一萬零三千，一萬三千符火足，符火數足準三年。以上言火符。

三年火煉流珠鼎，鼎似昭陽聚天鏡。鼎中光映日霞紅，霞映日魂來合鼎。鼎合日紅傳晷景，晷景南行日至丙日至丙午爻。汞沖神室神飲景，飲景沉醉醉復醒。神氣沖和神酩酊，綿綿餤餤餤通靈。光運圓，光明鏡面水晶盤。晶盤散撒如金粟，火華熒惑醉如柳。麥色黃深，大倉神含盤盈盈，盈盈閃爍晶赫赫。夜屬月魄鼎象白，鼎象白兮是月圓。鼎通天，天上月圓鼎亦然。天上鼎内卦屬乾，乾鼎圓明通月圓。光如鏡面水晶盤，煉出銀蟾似月圓。月圓望盈巽損側，晦屬陰符鼎象黑。朔象白，晦象黑，黑白虧盈或圓缺。圓缺之中月明中，夜聽更漏漏纔終。當日視晷景盤久，晷景亡前日落酉。落霞紅象映丹砂，鼎内同映結紅霞。鼎玲瓏，玲瓏火化華芙蓉，火符結撮曰洪濛。以上言神室丹藥景象。

洪濛不是尋常物，入口美味甘如蜜。嚥食不覺體隨風，輕舉飛騰翫太空。翫太空，顯仙宗，莫言來世又相逢。太愚蒙，休談妙有說眞空。說眞空「說眞空」三字舊本無，是非同，空卽是色色是空，其色蒼蒼照耀紅。與君說破我家風，太陽移在月明中。月明太陽天上藥，人服之時跨鸞鶴。萬法千門都是錯，學取吾家這一着。這一着，跳出五行眞快樂。以上言餌丹之效。

金鼎虛無論 金鼎包神室之外

余聞上古修丹，須憑妙法，多生夙契，相遇成眞，是謂共獲生天地之靈也。或問：天地之靈，生於何所？答曰：鑿開混沌，土分黃黑，生天地之金精，深藏溟涬，爲道之根本。羽客受得，可造金鼎。且金鼎者，夫何爲而生？何爲而有？曰：生自無。無形無名之始，有名萬物之母。

子得金精作命基，命基只是金華池。華池神水太淵精，太淵金精絕萬靈。萬靈號曰萬物母，先聖將來爲鼎金。鼎金元來藥裏尋，尋來不是世間金。世間金，何足異，金鼎鼎金通天地。通得三光鼎受符，汞侵金鼎氣生虛。虛氣生虛無生有，有生無，元有虛無虛化樞。樞紐的然眞種類，何憂水火不吹噓。水潤下，水在上，魄吸水銀魂蕩漾。火在下，火炎上，火養水生逐爻象。陽象流珠水作丹，陰象隨金逐水長。金水火，名三五，金三五，金主象外汞相處。震青龍，兑白虎，乾體圓明金三五。金漸晦，水漸舉，白虎虧盈變黑虎。玄武陰生入癸鄉，巽艮還坤水三五。金爲子，水爲母，陰符陽火分子午。剛柔文武運推移，火生火滅化爲土。此是火三五。一月三十日，三五十五日屬金，三五十五日屬水，方爲金水兩停，是謂金三五、水三五。十五日火生，十五日火滅，是謂火三五。水火交四維，金作火將衰一作「生」。火則終，火則始，衰則終，生則始，定沉浮兮金化水。分刻漏，白化黑，黑則終，白則始，黑白往來逐月矣。知白來，守黑去，三百六十有五度。開生門，閉死户，水火優游舊作「凝」居鼎釜。水火無差藥有靈，爲何靈水消爍火薰蒸，水火爲媒招日魂。魂張神舊本無「神」字碎飛陽華，魄啖魂華食碧砂。食碧砂，食馬芽，馬芽靈異世無比，得號流魂魂涉水。水涉魂，震陽明。天符降，奉日辰，準日訖，急急如律令勅。

追魂來，伏虎窟，呼吸風雲水火入，水火烹轟虎噴聲。水靈晶，火靈晶，水靈火靈魄與魂，魄靈能吸魂靈晶。魂吸魄，魄吸魂，魂吸魄兮魂定鼎，魄吸魂兮魄鼎魂。且魂鼎者，制伏水銀不飛揚，翺翔戲鼎，光散霞消，爍爍紫金紅粉，故曰魂定。定則不動，動則火直。火直往來，不往不來，著而成寶。且魄鼎者，玄武寧靜，靜則金生水。金能生水，水乃澄明。明生聚景，故曰魄鼎舊多「乃是也」三字。金養水，火養金，魂戀魄，魄戀魂，自然金鼎宰神明。產出丹砂性合情，不是硃砂及水銀。大藥金丹三八品，萬象爻銖列金鼎。水火加臨有淺深，二十四氣相推準。視之不見聽不聞，高壽妙年修金鼎。金鼎燒成無價珍，回陽換骨紫消金。紫消金，通神靈。金烏入，陽光進。青霞舞，紅霞運，青紅同入歸金鼎。金鼎修成造化爐，九還七返煉虛無。七返煉成紅玉粉，九還煉就紫金酥。紫金酥，紅玉粉。魂和魄，魄和魂。元有虛無虛化神，神化氣，氣化水，水化木，木化火，火化土，土化金，金化水，攢簇五行金鼎裹，騰騰兩耀運光輝。水飛火飛離化火，離化火，坎化水，水激火，火激水。離咀坎，坎咀離，相咀相嚼碎虹蜺。虹蜺氣結如硝屑，馬齒舊作「芽」槎牙光皎潔。光逐金生琥珀中，紫金臺上凝霜雪。色若瓊瑶虛飄飄，陽氣輕清輕拂拂。輕清陽砂光耀日，耀日爭光砂奪色。熒煌晃晃黃輿靈，輿靈能點化生靈。輿靈本在扶桑出，體因砂有鉛中得。騰光粟亂星飛亂。星研細，青龍骨，至神至聖飛騰物，飛騰不飛何得知。試將些子望空擲，果然能有回天力。丹砂高奔登太空，朱兒走入金烏屈。輕清陽光養陽藥，華射陽光光射藥。相輝相爍混其光，吸吸紫華昇太陽。太陰太陽眞水火，水剋火滅化爲土。隱明伏火土潛輝，潛輝藏虛虛化氣。虛氣接連通上下，通上下兮火隨卦。卦火虧盈盈則昌，陽燧舊作「晶」逐火火招陽。陽燧爍日兮照陽光，照陽光，火著光，幾千萬丈光生火。無窮無極，火勝光衝運氣光。光徹地，地通元氣火隨光。火氣運行生萬物，目前火光暉陽光。陽燧聚陽光感激，感而遂通生恍惚。熒熒赫赫談陽精，光透煙生火熠燁。陽光隨入黃金舍，照耀乾坤沙世界。金砂噴火散陽光，大地陽光生世界。光逐神生神遂光，大千世界此中藏。刦盡恒河沙世界，一砂一刦失陽光。陽光歸失何所名，龍漢延康至赤明。此言刦數已沉淪，刦力難逃不可聞。黑風飄蕩失三才，倒嶽摧山盡作塵。地水火風皆席捲，屋宇樓臺盡底沉。蠢動含靈皆失養，不分南北與東西。森羅萬象無蹤跡，五行四象何所覓。聲響聲形不可逃，混混元光皆暗黑。玄寂寂，復玄玄，不明深處至深極。至深極則返還元，返本還元天地先。天地先，一氣能分天地元。元黃正氣眞一祖，能生萬象爲丹母。因母立兆作丹基，兆召青腰使者東方木汞歸。青腰召入留光殿，煉作窻塵光不現。窻塵亦名曰黃埃，黃埃黃埃太陽變。太陽變則有何爲，水火通流十二時。十二時，無中有，子午卯酉分四九。四九火攢三十六晝夜百刻，子午卯酉，各多一刻，爲四九三十六。八時各八刻，爲四八三十二，合成百刻，子午卯酉分南北。午屬陽，陰火發，辰戌丑未分四八「辰戌丑未」當作「未申戌亥」。四八火攢三十二，水火烹煎成既濟。子屬陰，陽火發，寅申巳亥分四八「寅申巳亥」當作「丑寅辰巳」。四八火攢三十二，百刻時辰分晝夜。晝爲暑，夜爲寒，寒暑分明順陰陽。陰陽兩分如雞子，生死常常在終始。三日庚生震受西謂魂生，坤在東北魄喪乙謂魂死。死生相接無休息，木三金四合成七。陰陽兩分分兩弦，合就金胎坤合乾。包裹乾坤須固密，手摶日月爲神室。坎殿光輝張麗華，神室圓明三五一。三五庚生震兑乾，坤包乙癸爲陰乙。包藏弦望晦朔宫，黑白虧盈吉或凶。吉當圓滿凶却缺，神明變氣失符節。金胎神室象太陰，不信但觀天上月。黃白在裏立精魂月體本白，居中則黃，魄白魂黃魂入魄。黃如白蒁白迴黃，精黑轉迴黃轉黑，混其精魂煉魄黑。散光生，現黃白，黃白團圓光相接，生天太陽生地月。虎吸龍光透體明，白金胎内產黃金。黃金白金分二八，萬古傳流不敢洩。說與凡流都不信，不信但教如華看。向上元來有一着偃月爐，認取生天生地藥。生天生地亦生人，君且思量仔細尋。尋得之時赴玉京，跨鸞騎鶴君上昇。

明堂正德論明堂在金鼎之中

夫明堂者，其名有三：夏曰世室，商曰重室，周號明堂，爲天子布正德之宮，臣僚序尊卑之所。明堂奉日，門立正陽。上古及今，尊眞神聖所得號明堂者。黄帝於荆山煉金液神丹，造玄一室，其室附火而生陽光，積陽爲明，亦稱明堂，又曰蒼精神舍，應日月之象，作神明之所，其所方廣大明，四通靈神。以上言明堂。

通靈神者，水火風雲也水火喻日月，風雲喻龍虎。水火歸藏，火藏離所，水歸坎鄉。風雲龍虎，舉西合東。畢昴尾箕，二十八宿。烏日也墜庚辛，感化生育，氣平西方。水火金木，相尅相生。五行返覆，逆則招禍，順則致福，喜則或興太平，怒則或生兵革，不祥立見災殃。兵凌戈戟，殺氣侵天。飛砂走石，慧星徬徨。驚飛太白，國有傾危。火難調爕，致令金水周章，龍虎烹轟。如是則陰陽相勝、相生相殺之象也。且如兵革者，金火鼓動之象也。鼓動轟雷，雷轟震響者，是陽明火燥。火燥傷金，爲煙散失，金液何求？炎火漫張張宿也空設下，玄珠燒損火蟲饑。魄弱魂飛，則靈丹遠矣。水不可太盛，太盛則陰侵其陽。陰立則陽不滿，陽不能勝其陰，厥陰鼓風，摧傷損木。損木者，神龍神虎抱疾，疾中有丙，故曰病。病者，日月不換丙。不換丙者，數差其偶也。陽失其契，陰侵其明，此乃陰陽不交之象也。

若陰陽不定，則四象不立，八卦未分，丹砂從何而生哉！ 大舊作「火」體陰陽得中，水火陰陽不舊無此字耗，器憑勝負舊無二字，在丹基之堅固，故俯仰免疎虞。以上言水火。

體兩弦，合金水，變化生虛無，虛無舊無二字托舊作「耗」藥化。藥化有還是有還的光化藥，無中還有有舊作「是」還無。無則無固，必有是固。誰質有無兩端的，聽吾聊陳悉。且無者，水火金木之氣，四方隱於虛無，而道藏乎其中矣。此言無質成形，形生何所。不達無理，輒敢妄評？ 天地之精靈，不可輕舉。惜乎未得，煉之可取。煉之未得，別也難圖。且有者，土金玄黃之器，得火而施張，得則設生感召。始則若有若無。若有則霏霏微微，道隱希夷。希則感而氤氳，夷則動而氤氳。希夷感動氤氳，槖籥始之肇基。立兆已萌，太陰化生。化者，神運氣化，凝委而成形質。形質蒼蒼，霞火流光。光華精結，精紅透魄。紅影來朝，結成玉霄。絳霄霞結，號離紅屑。離紅飛揚，輕紅翱翔。神物飛揚，五色翱翔。以上言風雲。

翱翔五色，太陽精光。青白黑黃，黃居中央。君父太陽，太陽黃道。黃道轉北，黑道迴還。黃道迴還，迴黃應律。律呂相生，冬至一陽。日何太短，夜何太長。日四夜六舊作「九」，陰勝其陽。陽生來舊作「未」復，晷景滋生。時計月時，至日生。冬至極，冬至極，九日之中進一刻。五九五刻進則終，四十五日立春功。立春之後得九日，九日之中進一刻。五九五刻進則終，四十五日春分同。春分之後得九日，九日之中進一刻。五九五刻進則終，四十五日立夏同。立夏之後又九日，九日之中進一刻。五九五刻進則終，四十五日四節同。夏至日中六十刻，晝景漸長日南極。夏至後退得九日，九日之中退一刻。五九五刻退則終，四十五日秋分同。秋分之後得九日，九日之中退一刻。五九五刻退則終，四十五日立冬同。立冬之後得九日，九日之中退一刻。五九五刻退則終，四十五日八節中。八節三百六十日，晝夜三萬六千刻。三萬六千時計刻，時計刻，冬至日中四十刻。日景攛梭如電激，太陽疾速不停光。自然陽氣索滅藏，陽藏陰用無休息。陰生陽長六十刻，陰中氣昇陽光出。以上言太陽行度。

陽光出，九華明，九華光裏翠華青。翠華神所尊，光明尊明神。黃神昇明堂，神稱帝黃帝。黃傳赤，赤帝度色，青帝受德，白帝生光，黑帝玄黃，五帝混混。混合神光，神光鬱鬱。神用無極，神極受正。正其神色，神藏其室。神黃神黑，黃黑神精。黃者金神，黑者北靈。黑者水基，內懷其精。其精甚靈，其精甚堅。太上曰：「其精甚眞，其中有信。」信無不應。信應者，天符也。天符照明，飛符恍靈。靈運潛應，應神紫靈。紫靈神藥，藥有神靈。神藥靈靈，化元之英。神與氣精，神昇紫雲。其氣運轉，甲丙庚壬。庚壬乃金水相盈，甲丙是木火滋榮。二火成炎，二木成林。火木眷戀，姊妹弟兄。坎離震兌，男女相親。男冠少陽，女笄少陰。陰陽合度，七八十五之數。七八數訖，九乾六坤相得。晦朔弦望，四者三十。九六之數，老陽乾父，老陰坤母。因母致親，比夫人倫。父之制子，子之制孫。生生相親，親之又親。鉛汞相親，無異人倫。陰陽交合，純粹之精。靈續其景，景續其靈。景靈宮裏，虎嘯龍吟。五音互奏，六律陽明。陽明神光，照耀明堂。明堂正德，君臣相得。施仁設義，講武修文。忠信禮智，五常和平。皇化天下，富國安民。諸辰經歷，神氣滿室。五氣交併，神降奔突。氣如煙霧，交合神御。交合之道，順其氣序。氣序無差，昏明寒暑。晝暑夜寒，陽流陰注。廣寒宮結水晶砂，砂結玲瓏若馬牙。馬牙本舊作「結」是金烏骨，赫赫日精歸月窟。月窟日照曰明堂，明堂便是金水室。金水互相生，金潤生黃液。液生鼎沸汞，流神水瀑湧。三三重疊累累，凝如堅冰。龍盤虎視，虎性龍情。隨光逐明，光中恍惚。明中杳冥，丹砂靈英。靈英之質，生於神明。陰神陽明，積陽以陰。陰以神之，陽以明之。陰陽合度，化育之基。化者謂日有三照，育者謂月有三移。日月合氣，二氣相推。水一火二，合而成三。三生萬物，三變至極。三者汞也，汞變生靈。靈英獨秀，異寶奇珍。五行神物，藥就希夷。人間術士，必不能窺。惟有志者，懷而待時。得眞五行之妙用，假凡五行之水火。五行生尅，其理自然。聖人神而明之，以知天地之化，不過曲成萬物、通乎晝夜之道。晝視晷度，準則天符。夜聽更漏，上察河圖。月紀低昂，星布南北。虛北方張南方下應於鼎中，神龜隨火而奔逐。黑虎浮來白虎穴，赤龍跳入青龍窟。一藥還元復混融，丹砂合體入金公。汞與鉛合，砂與金親。金作神室，明堂正德。恍朗玄宮，乾坤合同。坤生震龍，陽符復行。離魂入魄，運轉天罡。水激火發，鼎釜俱鳴。陰陽運轉，震受庚辛。金本尅木，夫何以生。月行丁位，金入火鄉。火盛消金，金伐木榮。火滅爲土，土能生金。金能生水，水能生木。相尅相生，互爲父母。父母生子，子繼父母。坤生震兑，兑生坤體。三五既足，三光合度。兔魄生光，月滿東方。月滿復虧，陰侵已萌一作「明」。十六受統，陰符復行。艮直丙南，二十有三。三五候足，金入水鄉。坤符蕩蕩，水歸北方。凝而成金，化而爲水。火隨爻動，象逐火生。出没神爐，明藏偃月。長養金胎，化生金液。凝如黄酥，碎如金粟。金色透明，從黄返赤。熠熠火生，而成還丹。開爐列鼎，迸出霞光。金砂如粉，研細如霜。和匀摶搦，摶搦陰陽。丸成黍粒，謝天祭畢。萬斛明珠，難換一粒。一粒纔服，身生羽翼。呼風召雷，萬神侍側。更換四時，留連日月。冬變炎暑，夏飛霜雪。秋發春華，春飄黄葉。所謂「宇宙在乎手，萬化生乎身」者也。長河化酥酪，點金過北斗。吾不敢虛說，識取無中有。無中生天地，我同天地久。其道至禁，訣之在口。妄示凡流，必遭殃咎。慎密修持，神明護佑。廣施陰德，神仙必有。

附道藏本許眞君石函記序

眞君姓許，名遜，字敬之，汝南人。其祖父世慕至道。西晉武帝太康元年，舉孝廉，不就，朝廷加以禮聘，眞君不得已拜蜀郡旌陽縣令。因世亂，棄官入道，精志修煉，乃踵孝道明王之教、眞仙飛舉之宗，功著行成，收斬蛇蜃，呪施符水，療病回生，不計其數。後於東晉孝武帝寧康二年甲戌八月一日，於洪州西山感上帝玉詔，舉家四十二口並百好拔宅上昇。乃留下一石函，謂曰「世變時遷，爲時之記」。後爲張守發其函，得函中秘文九篇，乃眞君修煉金丹之上道也，名石函記。西山玉隆高士謝觀復洎高弟清虛羽衣朱明叔、東嘉鄭道全等遞相授受，傳至於今。此文乃上品昇舉之機關，非丹術旁門之小道。宿有仙骨，獲遇斯文，得之者寶而藏諸，非人勿示。篇中誓願深重，請細詧焉。

還金術

陶埴 著

序

塡嘗讀金碧經，至魏先生云「三五與一，天地至精」，研思十霜，妙旨斯在。謂一者水數，爲五行之始，色稟北方，包含五彩，修之合道，理契自然，故能生天生地，爲牝爲牡，然後還日精於月窟，結粹華於氣中，靈運潛應，與其合同，蓋非人間術士所能窺也。竊見今時學者，咸謂水銀可以爲金丹，硃汞可以爲河車。殊不知汞生於鉛，砂産於金，既不辯眞，遂假他物，譬如綴花以爲子，斷體以安胎，既傷爾精，氣莫能全。舉世作迷途之人，漏器非混成之物，茫茫志士，同歸有待。或謂古人妄設，終無此道。愚甚不取也。故徵經意爲上、中、下，以質之同志云爾。

還金術「述」字通用

上篇

古之人所以假易象而爲經者，謂至道與天地配，如太極始分一氣爲二儀，二儀判，然後有三才。俾乾坤運而品彙貞，坎離用而金木併，此道之樞也； 男冠女笄，牝牡相得，氣交體合，應變無方，此道之用也； 日月用矣，寒暑節矣，滋液潤澤，施化流通，此道之驗也； 陰伸陽屈，陽用陰藏，一往一來，推情合性，此道之返也。此乃明乎剖一氣以灋天象地，自有爲合於無爲者矣，豈假他物而成之乎？ 謹按黃白內經神農云：「知白守黑，求死不得。」白者金精，非世間金； 黑者水銀，非世間銀。龍虎經云：「爲鉛外黑，內懷金華。」金華者，爲青龍，爲黃鈆，爲乾，居木位，其數三。又曰：「被褐懷玉，外爲狂夫。」玉者，爲白虎，爲汞，爲坤，居土位，其數五。故曰：「三五既和諧，八石正綱紀。」三五，則爲土木之位也。合而言之，其數有八。又曰：「金爲水母，母隱子胎。水者金子，子藏母胞。」此言金水自相含孕，韞積於母中，須造化而生。又曰：「長子繼父體，因母立兆基。」

此言砂產於金，汞流爲子，以金養子，繼體而榮。道合自然，事根至妙，不可不思。潛通訣曰：「玄白生金公，巍巍建始初。」此明丹砂生於鉛也。金碧經云：「赤髓流爲汞，姹女弄金璫。」此明汞非別物也。自是乾坤交媾，受氣而生，欲生不生，焕乎其有文章。故又云：「聖人不虛生，上觀顯天符。」天符者，信也。天氣降，地氣應，是陰陽交接而流珠下也。流珠者，謂之流汞。又曰：「丹砂流汞父，戊己黃金母。」此數者，明砂汞合三才，應五行，而非人間凡物也。參同契曰：「植禾當以粟，覆雞用其卵。」此情合於性，性紐乎情，情性相依，還返自然，是爲變化，由鉛與水銀，非類不相爲用也。且其合眞，終始自相依矣。又爲乾坤也，牝牡也，金水也，情性也，龍虎也，雖同出異名，須與類合，如其差謬，不相涉入矣。故曰：「同類者相從，事乖不成寶。」又水以土尅，金以土榮，相殺相生，更爲父母。且水銀不在五行正位，硃砂非龍虎配合。故曰：「雜類不同種，安能合體居。」古歌曰：「莫壞我鉛，令我命全。莫破我車，令我還家。」又曰：「鉛斷河車空，所作必無功。鉛破河車絕，所作無處出。」又五篇曰：「鉛中有金，金中有寶，見寶別寶，修心煉形，贒人得道。」又曰：「寧修鉛中金，不修金中寶。」此數者，聖人明喻以示後學。猶慮不曉，故鄭重而言之。亦所以知龍虎二事，本乎一物者也。得其理者，喻諸反掌；迷其徑者，譬彼上天。但以世人未悟，各從而學，捨反掌之易，從上天之難。用意愈切，去眞愈遠，紛紜雜議，眞假相亂。或曰用鉛耶？或曰用水銀耶？若以水銀爲之，乾坤何可立乎？剛柔豈可分乎？必以凡鉛而爲之，則金水何由而得生？還返何由而得行？又焉能變化由其眞歟？且古來歌訣，惟讚鉛之功效，不説水銀之精妙。必以二事共成，何得不兼而美之乎？必以水銀爲主，但假鉛氣而成，何得遺本而存末乎？作者之意既如彼，後學之見又如此，是欲耕石種稻，緣木求魚，期於有獲，難矣！又況文字所傳者，非精妙之至；口訣所授者，非至人之遇。夫知與不知，猶千里之與指掌耳。自非眞人，曷辯眞理？今特與衆人論之。謂「言者不知，知者不言」，又焉知道隱乎言與不言之間哉！

中篇

凡言水銀可以爲金丹者，妄人也；言硃砂可以駐年者，不知道也。以不知道，惑妄人之言，去眞遠矣。夫汞者，姹女之別名；砂者，鉛中之至寶。丹經所謂「砂汞」者，此其眞訣也。且鉛中有砂汞，猶人之有情性。情性於人，非外物也；砂汞於鉛，非外類也。三一之道，修情合性，然後可以歸根復朴矣；金液之術，以金養汞，然後可以返本還元矣。若引外物爲情，則性不可合；以水銀代汞，則鉛不可親。性不可合，三宮其可固乎？鉛不可親，八石其能妙乎？夫言八石，是三五更名。故參同契云：「名者以定情，字者以性言。金來歸性初，乃得稱還丹。」又曰：「性主處內，立置鄞鄂；情主營外，垣築城郭。」是以砂汞者，鉛之情性；元氣者，人之根本。金主營外，故謂之情；汞主治內，故謂之性。以金制汞，推情合性之義也；含情養神，修性合眞之道也。又曰：「龍呼於虎，虎吸龍精。兩相飲食，俱相呑併。」謂東方甲乙木，青龍也；西方庚辛金，白虎也。龍爲情，虎爲性，情性相依，還返之義也。古歌曰：「束身歛魂充虎饑，虎來食噉生髓脂。」則呼吸之理可明矣。又曰：「太陽流珠，常欲去人。卒得金華，轉而相因。化爲白液，凝而至堅。金華先倡，有傾之間。解化爲水，馬齒闌干。陽乃往和，情性自然。」是知立乾坤，運水火，應天符，合三才，然後得爲丹砂也。妙言至徑，大道至簡。譬如造化之於萬物，非能大巧使得其青黃赤白一一之相類乎？是稟性合眞，自然之理也。故曰：「丹砂木精，得金乃併。」又曰：「白馬牙，好丹砂。」又曰：「潔白見寶，可造黃轝。」此皆非人間硃砂水銀之所爲也。若以人間硃砂水銀爲之，有頃之間當爲白煙矣，又焉能解化爲水、馬齒闌干乎？明者省之，可以一言而得術士之眞僞耳。術士可得，則正性不惑。正性不惑，則與道日親，而根本自正，豈假外名遺俗、絕粒丹壑，然後希遇哉？故再敘情性，原其砂汞，重解先聖指象立喻之意，諒毋繆於後賢也。

下篇

經曰：「白者金精，黑者水基。水者道樞，其數名一。」又曰：「知白守黑，神明自來。」是知太玄之精，爲道根本。當其樞紐天地，煅煉陰陽，理契自然，功侔造化。故定兩弦之數，以二八合上下；得乾坤之體，稽考六十四卦。極天地之用，卦有六爻。據爻摘符，而三百八十四爻，存神乎其中矣。乾之策二百一十有六，坤之策一百四十有四，引而伸之，觸類而長之，總萬一千五百二十，所以應萬物之數，備剛柔之體。又天數二十有五，地數三十，凡天地之數，五十有五，所以成變化而還返也。至若積陽爲天，聚陰作地，天否地閉，神明見焉。雖元化一施，妙用無極，亦在以金木水火，合寒暑衰榮，若春夏秋冬，日夜相易。陽之用也，以金生水，水生木，木生火，火生土；陰之用也，以土尅水，水尅火，火尅金，金尅木。以其相生相殺，迭盛迭衰，合天地四時而成實萬物。夫日爲陽精，月爲陰魄。金生於月，卽坎男也；珠炫於日，卽離女也。然金爲月精，以據陽位；汞合離氣，以應陰爻。以天地之靈，孕日月之精，否極泰來，陰盡陽生。故「金入猛火，色不奪精光。自開闢以來，日月不虧明」，是金木營於內，水火應於外。乾健不息，所以致用也；日彩不爍，所以益振也。惟天地日月，能長且久，與萬物終始，爲龍虎配合，爲道樞柄，與天地準，合陰陽數度，俾元化潛應，如連珠合璧，以軫於無窮。前聖修之，甄陶萬靈，故能生天地，首萬物，獨立長世，而形神不化。亮夫妙用弘深，希代莫測，得之者，天地在乎手，造化生乎身，自凡躋聖，名列金簿，與黄帝、老君爲先後達，亦所以顧兹門而無别徑也。凡我同志，度幾於此者，要在細求眞訣，務以師授，不可以謏聞淺說、多言失中之義，以希企及矣。噫！今之人不達神明之義，未通天地之理，但按文責實，以意推校。殊不知古人與其不可學者棄矣。徒議枝葉，不得根本，迷迷相指，詎可復追。埴林野鯫儒，豈曰先覺？常給事長者，側聆斯義，以爲砂汞無乾坤不可得也，龍虎捨金木無自入也，故陳梗概，以備錯悞焉。

紫清眞人海瓊白玉蟾 著

地元眞訣

地元眞訣題辭

地元眞訣，嘉靖間邵君伯崖爲駙馬都尉，崇尚道術，人以此獻之，云爲南方掘地所得，覬邀重賞。伯崖乘醉夜勒合板，鬻之通衢，獻者怏怏罷去，不數日而傳滿都市矣。余集丹經數種，總之非重言則卮言也。求其梧梘笙簧，大按條理，莫如此種與金藥秘訣，爲言言有敘之書。舊傳伯崖序，亦卓卓可誦。然仙非紫陽，安序秘訣？因删去之，而爲數語，以誌其端。

己亥仲夏一壑居士題

地元眞訣

紫清眞人海瓊白玉蟾　著

虛無歌

虛無虛無何虛無，恍惚窈冥生流珠。流珠本是先天精，生我之時天地無。混混沌沌成一塊，鴻鴻濛濛無內外。生我金剛體妙玄，金剛體妙初成天。初成天兮天一生，森羅萬象滿天明。火發燒天浮黎土，產出乾坤天地平。兩儀判，日月行，萬物初生人最靈。三才本我金剛體，變化萬物在赤文。赤文本是葳蕤精，生天生地亦生人。天一生水成數六，成數八兮三生木。成數七兮生丙丁，丙丁火發入玄冥。玄冥之內水晶宮，內藏金木水火土。土生金，金藏火，金火同宮生玉菓。此金此金非凡金，曩刦先天眞水銀。水銀一味生天地，萬物生成始轉靈。此火此火非凡火，火化金鎔光陀陀。煉出五色牟尼珠，價等天地無人我。這個火，這個金，昇天拔宅少知音。原來隱在黑鉛內，能盜先天產虎龍。白金黃金爲鼎器，專煉水銀這一味。七返硃砂還本源，水銀一味分爲二。九還金液復還乾，六陽芽老本先天。煉芽原借先天水，外可成金內可仙。吾若不言眞池鼎，迷人如何能自醒。硫珠鼎共流金池，内有和合成牟尼。七返有池還有鼎，九還有鼎豈無池。吾若不言眞藥物，鉛汞如何能自結。黑鉛煉出白金來，白金煉極金花開。金花朶朶是黃金，返本還元眞水銀。水銀便是長生藥，不是凡間水銀作。朱雀炎空飛下來，摧折羽毛頭與脚。水銀從此不能飛，化作金丹成大藥。吾若不言眞下手，迷人如何能自剖。一池踵息煉金花，一鼎求汞生丹砂。顛倒取來逆順煉，陽關三疊實堪誇。陽關三疊眞至妙，清濁分在玄關竅。取清汞，作金丹，根濁制八石，點五金。瓦爍成金不可言，人吞一粒便成仙。吾若不言眞火候，迷人下手還虛謬。文火求鉛煉赤文，武火採取防休咎。一訣天機值萬金，龍蟠深窟不傳人。傳人不傳輕薄子，安能作聖與成眞。吾若不言神聖藥，所以學人都認錯。白金本是金花根，非得黑鉛花不生。黑鉛内隱眞汞體，非得白金神自隱。白金煉出眞黃金，黃金制取金花粉。互相烹煉本黑鉛，非得黑鉛汞不乾。黑鉛内隱先天炁，煉出黃輿成翡翠。外藥成金内藥仙，離塵永證天仙位。吾若不言眞内外，煉不成時個個恠。輕清服餌作神仙，重濁點金堆泰山。一得可隱眞可隱，不隱遭愆罪在天。吾若不言眞爐火，舉世學人盲與跛。種得金花是藥材，一配硃砂生玉菓。一胎母氣初傳子，二胎水銀混沌死。三胎原來始得靈，却嫌宗祖是囂塵。一星藥點銅色變，雪花飛處脱紅雲。吾若不言乾汞法，飛仙池内金花撒。硃砂配取通靈藥，眞鉛要識眞庚甲。再煎再配成至寶，成得之人世上少。一得永得不傳人，從此一心不弄巧。吾若不言眞配合，浩劫神仙不肎說。白金八兩黑鉛同，三元池鼎列雌雄。顚倒取來順逆煉，三十六時運火功。吾若不言眞轉制，安識屯蒙與既未。否泰復姤總不知，致使學人常似醉。屯蒙是水火，水火是鉛銀。未濟是求汞，既濟合君臣。否卦是不交，泰卦内外通。復是終而始，姤是合雌雄。原來無卦象，得理心便通。一訣通玄竅，妙在羲黄公。付與學仙人，地元丹始成。神功在百日，藥就鬼神欽。

眞鉛歌

眞鉛眞鉛何眞鉛，金花發處是先天。白金爲鼎黑鉛配，踵息煉氣採眞鉛。眞鉛本是白金體，返本還元自元始。元始氣是水中金，一畫乾金生自癸。日中烏，月中兔，金烏飛入嫦娥户。白金黑金一脈生，華池神水眞鉛路。華池神水湛澄澄，眞鉛產處金花生。金花便是眞鉛脈，癸水成囂壬水眞。壬水眞，金花現，碧潭飛起龍泉劍。斬盡邪魔不見踪，突出神珠光似電。光似電，少人知，白虎好喫烏龜脂。金烏飛入廣寒宫，朶朶金蓮水面紅。水面紅，發神火，文武機關要細剖。三開三闔產金鉛，露出芙蓉華萬朶。華萬朶，是金花，獻上西池王母家。金花布滿金沙界，布就金沙散彩霞。散彩霞，是玄白，金公生在玄關穴。玄關一穴金花開，赫赫火紅飛白雪。飛白雪，金花遶，今古迷人知者少。萬刦一傳不可言，會得誠然無價寶。無價寶，連城璧，舉世學人誰得識。得來實是上天梯，拔宅飛昇從此日。從此日，識眞鉛，種得金花天外天。眞鉛非得先天汞，獨立孤陽體不全。體不全，不敢道，得者長歌拍手笑。得了眞鉛收拾來，深深藏在玄關竅。

眞汞歌

眞汞眞汞何眞汞，舉世迷人個個弄。弄不成時破家園，所以學人不敢用。不敢用，難辨也，清者爲眞濁爲假。濁者假，何從辨，下手之時總不成，轉換流光忙似電。忙似電，實可憐，誰識先天與後天。眞汞產在黑金內，非得白金氣豈傳。氣豈傳，誰識我，上下通紅功在火。白虎啗盡烏龜精，產出黃金光陀陀。光陀陀，少人知，取得金酥世罕稀。利刀挖得青龍髓，獻上東華太乙池。太乙池，眞汞窟，神火炎炎燒震木。青汞養經八百歲，青埃化作神仙禄。神仙禄，不敢說，用鉛不用是眞訣。用鉛要識用鉛微，神妙仙機在玄白。在玄白，疾下手，知白守黑無中有。取得二八青龍精，降得獅王就地吼。就地吼，一團酥，神火通紅太乙爐。眞汞一靈生坎户，太陽耿耿化硫珠。化硫珠，獨一味，且隨兑虎爲匹配。只因一見丁公面，金木調和會同類。會同類，造化功，方知白虎會青龍。晝夜風雷不暫停，招攝金酥滿鼎紅。滿鼎紅，結三華，三華聚頂散金霞。霞光遼遶青龍窟，窟中漸漸變靈芽。靈芽變，變靈芽，靈芽烹成一顆砂。一顆砂，不敢說，神仙洩自威音國。威音國，太輕洩，愛奴食盡生靈血。擒來牢關一鉢中，萬妖千鬼如何謁。如何謁，細詳察，觀見金蓮水面發。坎戊眞機一訣中，得來從此定庚甲。定庚甲，非凡金，不是凡砂及水銀。神丹全藉丁公力，庚甲原從火裏生。火裏生，赤丹砂，池中匹配美金花。金花便是眞鉛脈，眞汞青龍實可誇。實可誇，細收拾，用心點檢鑄神室。萬兩黃金買不得，吞入腹中甜如蜜。甜如蜜，非凡砂，學人要識東門瓜。能盜水銀一味眞，不勞費力走天涯。

眞土歌

眞土眞土何眞土，烏兔輪迴運今古。金花原從坎内來，眞砂須向離中取。離中取，眞戊己，庚甲生成無可比。得來不是黃白金，神仙暫借黃白體。黃白體，造化功，黃白分明在坎宮。震龍盜取黑龜精，白虎分明藉震龍。藉震龍，乾坤鼎，說與世人都不醒。消磨今古許多人，舉世無人定綱領。定綱領，採藥物，好把陰陽自調燮。採清汞作金丹根，取濁能將八石尅。八石尅，說眞機，竅妙分明在坎離。離中有火坎中水，一味黑鉛世少知。世少知，硫黃質，水火潛藏誰得識。土池種出琥珀精，混元鼎内丹砂赤。丹砂赤，庚甲生，分明鉛汞掌中擒。擒來方識眞戊己，二土原來是水銀。是水銀，非凡砂，變化實在美金花。白金返本朝王母，還元金鼎謁東華。謁東華，功未畢，採清去濁在消息。學人要識一爐紅，調燮三家合爲一。合爲一，眞至妙，水火土入玄關竅。竅中一粒死水銀，所以神仙拍手笑。拍手笑，莫輕談，誰識先天與後天。互相盜竊天地機，得來秘密無多言。無多言，隔仙凡，至妙分明兩個圈。圈中一竅眞玄妙，内隱金丹一粒圓。一粒圓，不能取，好把天機細細指。下手機關一訣中，進退抽添天地理。天地理，鉛汞精，硫黃質兮琥珀形。琥珀形，眞難得，變化分明在黃白。黃白爲祖得成眞，分明一味水中金。水中金，只一味，自古神仙道爲貴。世人不識作囂塵，囑付深深藏玉匱。

煉精化氣

木生在亥本乾元，混沌初分太極先。艮上萌芽初出土，寅初生火火生煙。旺在卯方青色茂，又生辰土倍如山。巽風吹動黑煙起，巳火通明火焰連。赤烏飛入北溟海，土旺中宮方產鉛。寄金在兑鎭西隅，西南二氣產先天。煉士英靈能採得，固濟嚴密煅作團。灰池配合煉水銀，灼灼金花產後天。黃雲一起棗花生，池中景象聖人傳。八兩癸水煉一兩，二百一十六數終。此是眞機不敢說，煉如明鏡似秋月。菡萏花從水面開，自然眞炁產出來。產出來，重八兩，玲玲瓏瓏不敢講。神仙呼爲出世寶，一回煉了一回好。水面光生花滿沼，圓陀陀，光灼灼，此是神仙第一着。一着將來去煉神，定擬飛昇跨鸞鶴。

煉氣化神

採得先天一味鉛，水中取氣煉先天。前弦八兩後弦八，金水同宮煉八還。煉八還，不敢說，混元池内火光灼。八兩玲瓏癸丙丁，露出仙機第一着。上下釜，合乾坤，好把中宫着意尋。外邊武煅六時足，一百四十四數終。水如數，火如數，眞氣氤氲頻頻住。煉就金團無價珠，迸出紫金光色曙。光色曙，初通靈，窺見金蓮水面生。水面花生光滿沼，威光鼎内火如雲。渴龍岔水生金粟，金粟收來顆顆靈。顆顆靈，眞富足，勝積金珠千萬斛。從此煉神至還虛，還虛膺授天仙禄。

煉神還虛

混元池内不通風，此是神仙向上功。上下四圍光閃灼，赤龍遶頂煉蟠龍。蟠龍吐出五色華，露出先天白馬牙。三十六時火不停，希君同翫紫金砂。紫金砂，眞至妙，所以神仙不敢道。將來鑄作乾坤鼎，中心徑寸虛無竅。虛無竅，不敢言，以有招無合太玄。分明一個神仙竅，直指先天與後天。水火烹煎煉作乾，乾爐能採火中蓮。火中蓮，合至虛，子生孫兮孫又枝。烹成一味乾水銀，點化分胎任意施。任意施，眞汞木，能使後天砂汞伏，先天定作虛無谷。虛無谷，元一炁，一炁能生二十四。後天渣質莫施爲，安得神聖先天炁。

鼎器妙用

有鼎無鼎兮有無鼎器，世人不識兮誠然是醉。金銀爲鼎兮黃白相配，若無城廓兮難招眞炁。神鼎眞正兮玄白自契，玄黃眞炁兮先天先地。東三南二兮北一西四，戊己數五兮一十五數。能識十五兮火金水戊，火二水一兮都歸戌庫。其三不入兮水火同路，水火同宮兮造化包護。內鼎金銀兮勿謂可做，外鼎鐵土兮誠然堅固。上弦金水兮下弦火數，煉作黃輿兮飛空走霧。凡砂凡汞兮生死相顧，相顧通靈兮八石相助。點化金銀兮濟貧道路，九轉丹成兮天神企慕。始初築基兮鉛用四九，炁得半觔兮口吞北斗。用武七十兮誠能下手，計金八兩兮眞汞實有。紅鉛若識兮西江一口，三十文爻兮數合奇偶。二百六十兮調勻保守，守城野戰兮毫無差謬。四九三十六兮火候足有，初子丹成兮永作神仙祿。轉轉成功兮火火火伏，伏火制火兮收成萬斛。不依法象兮耗財碌碌，識得黃白兮鉛汞化金粟。乘鸞跨鶴兮身膺五福，拔宅飛昇兮安同世俗。

鼎器歌

有鼎有鼎何有鼎，說與世人都不醒。分明内鼎用黄金，水銀一味爲綱領。造池密密採眞鉛，造鼎採汞爲金粉。土池下面布灰池，灰池上面安鉛鼎。此鼎式高一尺二，周圍三五君須記。四八口寬不可餘，分明唇厚一寸二。一寸二，厚薄均，中心神室雞子形。包藏兩層上下釜，層層竅妙通虚靈。土六磁三缸炭一，造成内外鼎神室。極乾通紅煅三日，再入灰缸養一七。説有鼎，其實無，只因難得先天釜。聖人演象窺天巧，只求一味水銀孤。首尾武，中間文，中間文火温温煮。學人要識火調停，三十文爻七十武。三百六十分明數，文爻文爻温土釜，首尾武爻逐旋補。首尾誠能煉汞鉛，鉛汞首尾求眞土。求眞土，造池要堅且要厚，誠然決然不虚謬。學人依法識行持，眞鉛眞汞依法就。只因池鼎無人指，可笑迷人妄猜舉。須要依法制將來，經久堅眞盡始終。

元會眞機

元始祖炁，先天乾金。在天爲陽，在地爲陰，在人爲性，朗朗長存。包括萬物，生天地人。內藏眞火，變化水銀。光輝萬里，霹靂丙丁。恍恍惚惚，杳杳冥冥。朱雀炎空，飛不消停。東照生木，西照生金。南行生火，北毓生壬。壬水未判，先天至眞。天得一清，地得一寧，人得一生。三元和合，萬物敷榮。天發殺機，易宿移星。地發殺機，龍蛇奔騰。人發殺機，變易性情。神機洩破，惟一可珍。一生壬癸，壬陽癸陰。在地爲癸，在天爲壬。癸則有質，壬則虛靈。有氣無質，寄於癸丁。自呼本姓，號水中金。若人識我，元始天尊。若人識我，軒轅帝君。若人識我，淮南王寧。若人識我，旌陽眞君。若人識我，純陽洞賓。若人識我，歷代眞人。知我者神明，得我者長生，煉我者丹成。鼎用坤母，號曰白金。配以玄水，玄白生神。先於灰池，騰倒晶英。秋月皎潔，明鏡無塵。金花閃灼，內長黃雲。潔白見寶，可造黃金。造混元鼎，件件分明。臺起品級，滴露層層。臺上有龜，排列八門。龜內有釜，廓落最深。釜內有鼎，理按君臣。鼎內神室，雞子之形。上下二釜，合爲乾坤。一吐一納，一降一昇。昇爲至陽，降爲至陰。神室之內，徑寸中心。其中竅妙，白金氣騰。下有坎水，內含陽精。華池神水，神水眞金。閃灼先天，發洩乾金。乾坤橐籥，故有數成。八兩地魄，半觔天魂。天魂無質，地魄有形。煉無生有，配合均勻。黃白鼎器，有無主賓。主賓慶際，龍虎風雲。進水有數，進火無零。水數既終，眞汞乃生。二轉配合，丹砂乃成。三轉分胎，祖宗囂塵。發洩天機，銅散紅雲。八石聽令，五金歸眞。煉至九轉，草木敷榮。凡磁瓦礫，盡皆成珍。號曰地元，變化通神。馬齒瓓玕，列轃龍鱗。鍾乳黃輿，化明窻塵。煉神至此，聽繼天人。神符白雪，歷歷有文。如斯口訣，用意細尋。下手最易，轉制詳明。藥物眞正，火候調停。有文有武，花開菓成。此機直露，付與學人。

壇臺傳示

煉丹訣，煉丹訣，科禁至嚴不敢洩。知君夙世有仙風，故把天機對君說。安爐立鼎法乾坤，壇臺高築名山澤。煉汞鉛，事優劣，時當午夜中秋節。徑上南樓翫月華，一輪五彩霞光徹。鉛求玉兔腦中精，汞取金烏心内血。只驅二物煉成丹，至道不煩無紐揑。更無別藥來相助，惟有水火相交迭。火取日，水取月，又與諸家全各別。運行符火合天機，攢簇陰陽神莫測。赤鳳飛歸混沌窩，白龜鑽入崑崙穴。龍虎馴，嬰姹悦，黃婆巧弄千般舌。一時配合入蘭房，夫婦交歡情意熱。日旋補，靈胎結，胎完耿耿紫金色。脱胎換骨象盈虧，轉制抽添按圓缺。從此蕋苗化靈根，朝種暮收無休歇。無休歇，分黃白，巧奪造化轉神丹，凝結精英聚魂魄。火符結就無價珍，鍾乳玲瓏吐金珀。九黄牙，九白雪，九九神符性猛烈。紫霞紫綬紫靈芝，紅似日輪鮮似血。赫赫明晶能返魂，返魂再活生徐甲。一鳌能點一觔金，一粒遐齡千萬刦。形神俱妙號眞人，圓覺聲聞心膽徹。功成行滿天詔宣，鳳化龍飛並拔宅。臣侍虛皇御座前，九玄七祖皆超越。吾今逐一説與君，只恐言多返疑惑。保而敬之密密行，他年同赴黄金闕。

答論神丹書

壺雲卓有見 著

執事有志，向慕神丹之學，非夙植根基，何以得此？慶慰。夫此學自唐晉以後，玉隆羅浮之巔，許葛高風，幾於絕響矣。若宋時，南五祖、北七眞皆以內修超脱，未嘗論及。近來龍沙之讖將滿，八百地仙亦將應期顯化，故天不愛道，諸祖師潛形開度，默授此訣於方外之人，只今三四年間，方得正途，可以循進。若不揣如僕者，以初志不衰，積誠稍確，歷歲在江湖間參訪，荷蒙至人垂憫，偶爾竊有所聞。幸逢知音之侶，得如執事，請以伯牙之手，臨風一揮，執事其試聽之。

夫惟謂之神丹，則非世間有形有質之渣滓凡物不能變化者倫矣。故石函記藥母論篇其首句卽曰：「夫丹道，非人間五金八石、硃砂水銀之所爲也。」既非五金八石、硃砂水銀，則將何物爲鉛，何物爲汞，納諸池鼎之內，付諸燒煉之中也？蓋先天一氣，藏於混沌鴻濛，初無形質，及兩儀既分，太乙之精以兆，玄冥之體斯凝，形雖麗於地，而象實應乎天，石函記曰「在天成象，在地成形，在石成珍」是也。此鉛非五金八石，內含五金八石之氣，而爲五金八石之主。其色黑，位屬北方水也。水有壬癸，壬陽而癸陰，陰濁而陽清。壬水一點之靈，是爲陽精，乃兑金寄體，混於癸水而不能自見，仙家以法取而用之，號曰水中金。古今種種異名，不過以此一物而立丹基。故古歌云：「火中鉛是水中金，百度煎銷色轉深。」又曰：「還丹只是水中金，黑白相包理最深。」又曰：「欲知丹道者，壬癸上尋庚。」蓋母隱子胎，金反從水而生，脱去其胞，其色乃白，遂有黑中取白之説。但白金雖出自水，既見其形，亦不能獨立，又賴此金，權爲鼎器，以招攝先天一氣，其色變黄如酥，號曰黄轝，方有變化也。故龍虎經曰：「灰池炎灼，鉛沉銀浮。潔白見寶，可造黄轝。」石函記曰：「騰鉛倒置入灰池，火發鉛溶化神水。神水元因出白金，先取白金爲鼎器。」其言灰池，實實如煎銀之灰池；其言白金，乃實實見寶色之白金。卽非以灰池取譬，亦非以白金取象也。其言鉛沉銀浮者，非用凡鉛以煉凡銀，鉛沉而爲底，銀浮而爲餅。蓋言先天一氣之鉛，中有眞銀，卽癸水内藏壬水。而爲白金者，必以法煎於灰池之上，鉛墜而銀留，自然潔白見寶，可以爲鼎器而造黄轝。古歌云「會得鉛池眞正訣，自然丹向水中生」，此之謂也。夫既曰潔白，則非鉛中之本色；又曰見寶，則非鉛中之本質矣。淳和子以爲「金花採得是鉛精，甲獵魚鱗雪色明」，則知此金與銀礦中烹出之金，自是不同。石函記曰：「金鼎原來藥裏尋，尋來不是世間金。」蓋世間銀礦之金，徒有質而無氣。此金雖有質，而實氣也。此金惟其有質，故可以爲鼎器；惟其有氣，故能與先天虛無之氣相爲吞啗。以法制煉，無中之氣，自附於有，漸能變白，而爲黄。白乃陰質，黄則陰盡而陽純矣。龍虎經曰：「金色尚白，煉鉛以求黄色焉。」參同契曰：「先白而後黄兮赤色通表裏。」石函記曰：

曰：「黑金生白金，白金生黃金。」地元眞訣曰：「黑金煉出白金來，白金煉極金華開。金花朶朶是黃金，返本還元眞水銀。」同此義也。若用凡銀爲金，則爲査滓頑物，烏能含受變化也哉！

夫金固非世間銀礦中金，而水銀亦非凡砂中汞也。蓋先天水銀，實萬物之祖氣，三才之精靈。照臨並日月，而無時不然；貫徹通乾坤，而無物不有。仙家以法追攝，歸於金鼎之中，煉成至藥，可以回生換骨。石函記曰「與君說出返魂藥，返魂須是天魂魄」，正指此耳。此汞本先天虛無之氣，其形無定，號爲流珠；其色晃耀，號爲丹砂；其性沖和，號爲眞水。非雜物所能拘留，況於燒煉烈焰之中，安肎等閒暫住哉！仙家妙用，煉虛而爲實，煉無而爲有。不可以手把捉者，能把捉之，不以手而使之不走失；不可以器貯盛者，能盛貯之，不以器而使之不洩漏。是蓋知此汞受氣之始，與金同胎而孕，以金養汞，同類易施功耳。石函記曰：「砂汞鉛銀同一種，一種靈苗神異藥。」還金術曰：「鉛中之有砂汞，猶人之有性情。性情於人，非外物也；砂汞於鉛，非外類也。」古歌曰：「眞汞原是水中銀，水銀一味鉛中物，認不眞兮藥不神。」又曰：「龍虎雖然有二名，根源總是一中生。」其說明矣。故用鉛中之汞，以煉鉛中之金，於此而有法焉。但見以陰殼而含陽花，汞雖易於飛走，而金能攝之；金雖易於折耗，而汞能補之。流珠之氣，漸漸凝結，則白金之體，漸漸消磨。及其眞氣滿足，純是一味眞汞，而爲乾水銀，則黃轝成矣。陳無朽詩曰：「水還黃液金精結，火透紅璃木氣融。」地元眞訣曰：「白金本是金華根，非得黑鉛華不生。黑鉛却是眞汞本，若非白金神自隱。白金煉出眞黃金，黃金剥取金花粉。互相烹煉本黑鉛，非得黑鉛汞不乾。黑鉛本有先天氣，煉出黃轝成翡翠。」噫！盡之矣！

黃轝既成，立可制伏凡砂凡汞，而爲住世之寶。仙家意不在此，更求向上一着，將黃轝鑄作神室。擇地建壇，造屋泥竈，立鼎安爐，懸神室於鼎中，上水下火，按日月晦朔弦望而爲加減之候。神室內虛，自然生藥，號曰金液，又名金砂。積至九年、一紀，則爲白雪、神符，吞服一粒，可以昇雞犬於雲霄，控鸞鶴於海島矣。點化黃白，何足道哉！

雖然神室未可易爲也，亦不可易知也。請爲執事繹之。

夫神室之神，卽神丹之神。但神丹則統言其靈，神室則專言其器。故神室者，藏神之室也。室猶房屋，神則主人。在人身則以心爲神室，亦以人身之神舍於心也。仙家丹法，以黃金爲神室，卽非世間砂石所淘之黃金，乃煉出白金爲黃轝之黃金。夫白金煉至於黃，則神存其中矣。神者，火也。以火煉金，而至於七返九還，不知何者爲金，何者爲火，渾是一團陽氣，故可造神室而生大藥。是金火未嘗相離，反足以相濟而相成矣。龍虎經云：「丹砂著明，莫大乎金火。」地元眞訣曰：「此金非是世間金，曩刦先天眞水銀。此火非是世間火，火化金溶光陀陀。這個火，這個金，昇天拔宅少知音。」信不誣矣。且丹經多言金火，至於金之所以爲金，火之所以爲火，金火之所以交併，皆秘而不言，以有天機故也。玆不終靳，更爲執事剖之。

彼金有二金，火有二火。有有形之金，有無形之金。有形之金，非世間銀礦中物，乃鉛中取出白金也。此金，人或有知之者矣。至於無形之金，乃曰金受水火制煉而成黃金，卽前所謂「乾水銀」者。此金有氣無質，人罕見之。陳無朽曰：「紫粉成金不見金，金成紫粉少知音。」地元眞訣曰：「得來不是黃白金，神仙暫借黃白體。」至哉言乎！眞火之用，猶有秘密。有內火，有外火。內火無形，外火有形。雖曰有形，則非柴炭類也。蓋有形而無質，與眞水同稟一氣所生。鉛中汞火，非得此火，亦與金不相吸。故石函記曰：「朱雀炎空飛下來，摧折羽毛頭與脚。水銀從此不能飛，化作金丹成大藥。」古歌謂：「多虧朱雀海中飛，啣出西來眞佛祖。」又曰：「朱雀奮翼火燒空，眞鉛海底金光噴。」皆指外火而言耳。學人須得明師指點，則知鉛金作何物色，眞火作何景象，臨爐作何採取，方可從事於斯也。

又要知夫金卽月魄，火卽日魂，金得火而變黃，猶月得日而生光。是以古人言「有質者眞鉛太陰，月之華也；無質者眞汞太陽，日之精也。先採太陰靈質，設爲法象，誘會太陽之氣，歸於其中，結爲神丹」，石函記曰「欲得烏肝，先求兔髓」，乃羲皇之取象也。夫既謂之設象，卽非眞欲懸象天上日月以求精華者矣。故曰：「日魂月魄，若個識識者，便是眞仙子。」又曰：「與君說破我家風，太陽移在月明中。」於此不悟，乃欲以凡銀爲母，用凡鉛以煎煉寡鉛取藥，用砂汞以相投，或言鑄神室用死汞爲之靈藥，或言鑄神室用鑛銀爲之先天，淺聞謬見，迷惑乖張，求其成功，未之有也。近世人又有怪誕之徒，創爲無稽之語，曰井泉論，曰九轉瓊丹論。其法只取泉水一味，謂得天一正氣，用金銀鼎器盛之，滴注煎熬，焚以茅葦。且妄談五行，妄指鉛汞，妄援古義，號曰神水。夫以熬水成膏，服之可以長生，則凡江海之中，鱗甲盡當白日飛昇矣。且梗道惑衆，乃復曲爲之說，將先師垂訓，一切引以自解，是猶安麟角於馬頭之上，只見其不類也。凡名山洞府，古仙煉丹之所，多爐竈石井遺跡，是皆別有妙用者存，曷嘗以流水爲神水哉？噫！神水深秘，彼烏知之，懵懂而又執着，適足增達人一咲，反爲之悲耳！

僕因貧乏，不能自辦丹財，又不敢以輕告人。時光虛度，深用憮然。欲將眞傳實受者，論著成編，次第條陳，以就正有道，猶懼其冒昧而中止也。嘗纂集諸仙經書歌訣合於正理者爲一帙，名曰大丹旨要，亟當募緣梓行，以便四方同志之士，或有因言會心者，與之同成善果，同登彼岸，是所願也。況執事留念此學，僕忽得煙霞佳侶，故不避禁忌，再三饒舌，亦惟發明丹道匡廓而已。至於機括玄微、制度精巧之處，蓋未能以直言，亦誠未敢以輕言也。噫！金丹大藥，古人一萬刦一傳，必其體虛空之心，而具造化之手，始堪臻此閫奧。苟無出世超塵之見，而爲好高望遠之求，妄覬黃白之羸，以充溪壑之志，吾知徒勞而無所遇，縱遇亦無所成，雖成亦不能享。僕每誦此，恒惴惴焉。執事知此意久矣，請以此深自省誠。又須虛心潛翫經典，卑禮參訪老成。勿以先入爲是，勿以己見爲高，勿拘偏見而排正論，勿拒善士而信邪流。庶乎上天有開眼之期，祖師有點頭之會，自然默相而忽遇矣。倘因緣相投，遭逢相偶，則僕今日未敢直言輕言者，彼時當爲執事盡言細言之。石函記云：「此道至禁，訣之在口。謹密修持，神明護佑。」古詩又曰：「從古神仙相囑付，不將大道做人情。」僕固不宜易洩，而亦不能終秘也。萬惟珍重，以膺後福。

陳希夷　著　李保乾　批

華山碑全集

華山碑文

玄機妙訣，豈容易說？先煉丹頭，後去銅血。銅血既去，骨名斯得。與骨傳神，安魂定魄。九鉛一砒，五香昇徹。生熟相制，如此九接。靈藥昇盞，其形墨黑。鉛是紅鉛，砂之表得。砒砂一處，養至廿越。鐵鼎封固，五香赫赫。輕輕臥倒，子母分別。金水相配，少些也得。靈藥開銅，另有妙訣。其銅對配，百兩爲則。依方合制，四觔是額。牢固封口，如前火色。一養一煉，三七勿迫。日足開看，形白如雪。明爐熔化，堅剛似鐵。柳條頻攪，抹去油屑。傾入油槽，些兒不折。銀汞鉛骨，四不可缺。加上天魂，了却妙訣。修仙弟子，富可敵國。儉約用之，濟貧積德。叮嚀囑咐，匪人勿洩。如違盟言，天雷譴責。

七言

用鉛九兩是紅鉛，莫當凡鉛一樣看。白金九兩丹頭。一書云「白砒九兩」，一書「成功」二字。未敢更改相資助，借火資金未可寒。三煉池中銅血盡，加汞擒之總不難。安金益水傳魂魄，永成至寶不輕傳。

五言

銅白名爲骨，砂死號眞鉛。汞要吞金氣，銀用胎鉛煎。

五言

骨十鉛加三，汞二白銀一。送入丙丁宮，金銀堆屋脊。銅去汞中油，汞追銅内血。銅汞兩相親，汞死銅隨滅。銅汞銀鉛四，一者不可缺。養足三七火，開爐似白雪。若得眞正理，只在此中訣。人能識此言，蓬萊仙島客。

西江月

骨十鉛三配合，汞二銀一交加。四物配合做一家，送入灰缸之下。

銅吞汞中之液，汞吸銅内之華。三七日足動風匣，便是神仙禄馬。

五言

十一二三兩，就裏知端的。骨十要粉碎，鉛三同細擂。汞與母相制，成胎著意研。萬億俱搗碎，乳汁拌一番。砂兒卽眞土，固濟要牢堅。預入盒內養，三七要周全。冷定開盒看，一似雪花鮮。紅爐煅煉後，一要軟如綿。復入灰池內，用鉛仔細煎過關。鉛盡成至寶，此事實非凡。秘之又愼之，匪人勿浪傳。諸藥過得鉛關，永成至寶，分鳌不折，至千萬年，均不能返還。

七言

仙茆不與凡茆同，聖人留下萬世功。助道濟貧眞妙訣，煉銅作骨轉無窮。紅鉛黑汞成至理，妙在傳神變化中。識得紅鉛忙下手，一法通時萬法通。

西江月二十八首

昔日留心訪道，迄今四十餘年。終朝只想汞來乾，果遂平生志願。今後只宜保守，勿得妄洩輕傳。一朝養就大還丹，點化銅鐵體變。

我爲金丹大道，費盡多少家園。千辛萬苦實難言，屢被奸邪誆騙。也是天不負我，果得妙道眞傳。一朝養就大還丹，遂了平生志願。

自小學道參玄，果然不負吾心。也曾迷煉數十春，今日方得實信。一個一制有準，十煎十煉成金。向後轉轉妙如神，點化何須再問。

起手煉鉛爲本，終朝制汞辛勤。再煎再煉看浮沉，便是神仙至論。**頂批**　仙師先取其金而去其水。浮者爲金，沉者爲水。若能取此，便知丹頭。墜底不堪使用，浮面勝似黃金。一伏天晥妙如神，多少迷人不信。

此言用鉛不是用凡鉛。

先將白銀卅兩，徑下鉛池煎銷。**頂批**　用灰池洗淨凡銀雜炁。碧天明鏡隱日高，自有紅光遍照。此時方纔住火，收拾最要勤牢。鼎中配砂產靈苗，碧光開花奇妙。

此言「用鉛不用鉛，須向鉛中作。眞母不通靈，須用正陽補」，取坎填離之義也。**頂批**　兑金配於子水，故以眞水而補助其陽炁。

眞母配砂入鼎，頃刻脱下仙胎。摘母只用小嬰孩，再生兒孫體態。若要再養再接，重重生下賢才。後將老母又懷胎以熟接生，產下天晥奇怪。

此言即萬物歸元祖也。

先將天晥煉母**頂批** 必要煉成酥母方靈，後將母煉眞鉛。眞鉛眞母再相煎，煉就純陽體健。取出各自使用，安排去產仙胎。母養嬰兒若成丹，全憑眞鉛煅煉。

此言即合用眞鉛眞母之事。

活潑天晥錦繡，因他氣弱無功。送與老母即酥母再三烹，立睹純陽體性。**頂批** 恐天晥炁弱，借酥母眞鉛之炁再三烹煉，煉就純陽健體，方能死砂乾汞。配合還歸鼎內，乾汞如滅燈蹤。這些玄妙最靈通，全賴眞鉛二聖。

承上章言，必如此眞鉛眞母再相烹者，以他氣弱無功，故必送與老母再三烹也。

先將砂汞包裹，後用草藥同煎。取出只要砂得乾，送入陽城鑽煉。**頂批** 砂死非見母不能堅白。一火打就靈珠，再配銀母相關。頃刻脫下紫羅衫，再煉陽神出現。

此言制砂辛勤。

若要眞修眞煉，無如眞母眞鉛。眞鉛眞母共烹煎，便是天晥出現。再用眞鉛復乳頂批乳而復乳，方得炁足神全。再將眞母重關。頃刻變作小靈丹，乾汞由人活便。

上，既言出現，又再用眞鉛眞母者何也？所謂初出天晥，其力不壯，再輔成立而後乾汞也。下，此言再煉之事。

要知天晥乾汞，必托靈母眞精。惟有先天炁至眞，不須雜類相浸。產下嬰兒老大，即能生子生孫。兒孫長大各成人，點化何須再問。

要知天晥根本，原來虎髓龍精。初時取出最難擒，因此多人不信。合用眞鉛眞母，瞬息變作靈神。立能乾汞妙如神，故使留傳訪問。頂批「龍精虎髓先天藥，加入晥中秘莫傳。」此物一加，既益晥中不足之神，又退晥中盜鉛之炁，諸要旨也。

總結上數章，只要合用眞鉛眞母耳。然天晥既成，須看下章分解。

要知天晥乾汞，全憑硇砂眞精。助藥添剛妙莫倫，儘任燒丹使令。立能乾汞成寶，又能善點銅形。諸藥無此怎通靈，要識硇砂眞性。

必用此藥，方捉得住靈神。

若論磠砂造化，其性本是陰精。一伏成汁便通靈，能使天晧成聖。濁渣盡行脱去，陰神變作陽神。純陽性體顯威靈，汞見立刻聽令。

要知磠用多少，一兩只用三錢。天晧成汁把磠攛，頃刻雲收霧散。恰似一潭秋水，碧天明鏡熖熖。取出只把汞來乾，便是銀身出現。

要知磠砂眞死，不須雜類而擒。蝸牛牝蠣石決明，海螵蛸用同性。與磠合爲一處，先須煮制烹薰。復入鑽内打成形，去垢還須要淨。

要知磠砂去垢，滚水淋下熬成。潔白素體賽冰綾，方作燒丹使用。天晧見他一點，即時變作陽神。將來入鼎牢封停，頃刻死砂乾汞。

自古乾汞稀少，吾今捉住靈神。初子煎銷寶便成，二轉還須混沌。三子光明點化，四子玄妙通靈。六七始得出紅塵，九轉靈藥有應。

燒丹至此，所謂養就了大還丹也。

天⿰日㐬乾汞一次，精神定是枯乾。要生靈液也不難，須用母銀抱煉酥母補煉。**頂批** 添精補髓。

再配硃砂煅煉，取出再配母鉛戊土酥母。還入鑽內共烹煎，乾汞依然神驗。

天⿰日㐬身弱無用，恐其乾汞不乾。時人到此廢千年，那個知道補煉？ 若會添精補髓，便是現世神仙。得來乾汞幾千般，到此生生有驗。

天⿰日㐬既枯復接，接來還用先天。眞鉛眞母共相煎，又得陽神出現。 雖然養成聖體，通靈還用礦先。一伏便得那機關，乾汞何愁萬遍？

天⿰日㐬乾汞一兩，再將生汞重添。復加天⿰日㐬鼎中眠，累累兒孫出現。 乾汞至於八兩，二八一觔相挽。鑄作金鼎養神丹，不久服食便見。

一轉天晲乾汞，二轉汞養靈砂。三轉死砂抱生砂，立見神功點化。四轉五轉尤妙，六七滿鼎黃芽。九轉大藥足堪誇，到此神丹無價。

一轉三七火候，二轉二七無憂。三轉一七是丹頭，能點紅銅去垢。四轉五轉再論，誰知隨種隨收。六七烹煉永無休，九轉神丹養就。

九轉神丹已就，預先答謝蒼天。纔將一粒口中飡，便到蓬萊琅苑。凡體盡行脱去，逍遥永作天仙。無憂無慮住明山，那怕海枯石爛。

再論天晲乾汞，這般甚是稀奇。眞傳妙道與天齊，誰識其中妙義？一鼎化爲萬鼎，前後接制無移。復入先天祖匱聚，一七取出成器。

要知死汞一兩，再把生汞重加。鼎中文火結成芽，送入先天匱罷。取出再配入鼎，先文後武無差。鉛池煎出美金花，頃刻成銀無價。

死汞既接生汞，匱養始得周全。一七火候不須添，取出還須煅煉。生汞若有一兩，天晥只用三錢。共入鼎内要牢關，頃刻仙銀出現。

今日了却大事，便是快樂逍遥。無憂無慮樂陶陶，萬事人間不要。使用黄金旋點，無錢便去煎銷。人間取寶賽摘桃，反掌金銀來到。

骨十鉛加三，汞二白銀一。加上天魂魄，四者不可缺。送入丙丁宫，金銀堆屋脊。

起手必須心意誠，煉丹本是砂中神。靈神先要來擒住，大道方纔可許行。二八相求分上下，三四合氣辨頑靈。天晥氣絶精神健，太乙玄爲鉛汞眞。硇性煉來神聖藥，陰精點去碧天明。玄門捷徑垂慈教，識了碑文點化成。

後用草藥同煎之藥三味

巨勝子三錢，貝母三錢，長大赤芍三錢。一兩砂，一兩汞，三錢藥。去血用製砒一點。又用硇砂一攧定分胎。枯銅曰骨，死砂曰鉛。乾汞二，白銀一兩。硇眞藥好。硇之色白如水，其色黄者不眞，黑者不眞，死白者不眞，光白而燃火者乃眞。

大道皆有靈，只要在主神。劉子若進道，方知玄工靈。天下不識鉛，成丹有幾人。藥石認得眞，方許大道成。

砒硫

先將汞母化開，投火畢，住火，提放熱灰盆内，母寒面凝，色尚紫紅，澆上生汞，擁爐一夜，多乾出些聽用。

淨砒一觔，桃仁、杏仁、蓽麻仁、胡桃仁各四兩，同搗如泥，入鐵鍋内，上蓋小蓋，鹽泥固口，穀殼火煨，滿底熬煙畢，方嚴封鍋口。後加武火三香，冷定取出，如雲片薄。一數片且脆。每次一兩，入高爐加銀硼一兩蓋面，有微煙化畢，入陽城鑵，合砂蓋住，水盞打火七香，脱衣，晾浮於砂上取出，四抱前汞之一，打火昇盞，游汞去之，仍以前汞補足。打過三次，每汞藥一錢，開缺一兩。如不開缺，四抱一養砂，不服母氣，只以金鉛蓋煉成寶，寶可接制。

煉母養砂

汞水八兩作母，煉至鴻濛初判，月出庚方，投火二十四氣。要猛火，其所投之火方不纏汞母。投火七十二候畢，將南鉛照母數服汞，擁爐如法九次，換母三次，其南鉛已成至寶。將此寶碎細，養砂汞三七日足，金鉛蓋煉成寶，俱可接制。

七十二家爐火，内惟硇砂最先。要得硇砂實死，除非火不昇天。高上一點文武，水中便見神全。

先將硇砂入鐀，後用諸藥上邊。又將鐀口封固，文武二火三天。取出硇砂點白甿，甿汞立變先天。

制硇用水半鐀，以紙試火不翻。蝸蠣決明死性，硫黃媒妁爲先。一錢調和三味，知道此藥即仙。

下鐀先汞後硇砂次母

死砂法：用黑鉛熬化，察其花色，俟太陽移在月明中之時，提出，以鴻濛混沌，將砂投下即蓋封固，冷定取出硃砂。用硇砂三錢，配砂二兩五錢。不用硇砂，或死硫三錢亦可。硇搗碎，砂不可碎。硃硇並合，五兩銀藏其內，入小寶鑽蓋封。半文半武，剛炭火熬一炷半香時，冷定取出，眞母與硇砂入鐵鑽內。一兩眞母二兩汞，先汞後硇砂次眞母，上封盞絆，用塊磚圍四方，用炭火不可近鑽，鑽下瓦片四塊墊之，昇三日三夜卽止。

死硫法：　鉛上伏死二鉛一硫。

點銅法

紅銅一兩，昇出藥一錢五分，藥物白砒四兩，穀精草、茨五甲各三錢，苦楝子三十二個，蒼耳子、大黃合滿鑽，白礬一錢五分，馬牙硝、硇砂提砂合化銀易。

金火大丹歌

太極得先天，先天太極全。眞水制眞火，眞土制眞鉛。採取本有訣，煉鉛原有傳。再制再重煉，魂魄體自堅。丁公分節次，庚方性及鉛。以得後天妙，先天玄又玄。鉛汁半觔足，汞液八兩全。合得一觔數，木龍金虎蟠。紅鉛投黑汞，離女配坎男。日進陽火，夜進陰符。三進退，依節序，靈根達聖班。九九八十一，火功數已完。砂見砂卽死，汞見汞立乾。煉丹眞口訣，出在此歌間。

煉鉛歌

大丹只用四觔鉛，三十六觔見何篇。只因四九不知理，故把砂汞數目言。我今說破煉鉛訣，請君仔細聽吾說。四觔黑鉛在池內，全憑火煖池不烈。內外通紅須用功，騰騰煙起花方結。花若頻翻老嫩生，老鉛舖面須教徹。採得三觔癸水盡，壬水池中眞現形。寄語人間燒煉者，不明此理莫糊行。老鉛癸水號嚚塵，此是坤卦兩爻陰。人人曉得水中金，說得分明認不眞。壬水便是神仙藥，銀鉛砂汞一處生。四象五行都在此，龍虎總是此乾金。愚夫不識逆施理，也向池中取嚚塵。不識壬來癸水盡，何年燒得大丹成。一點眞陽藏在亥，杳杳冥冥仔細尋。池內色青妙非常，少頃紅霞滿面光。棗花一到急離火，金逢望遠不堪嘗。

玄黃論

夫黃白之術，有自來矣。世人多以黃金爲父，白金爲母。此等俱有質之物，皆謬妄相傳也。殊不知，黃金產在白金內，白金生於黑鉛裏。二五混成作一家，水火鼎內去分取。微微騰倒天地精，攢簇陰陽走神鬼。黃乃陽之精，白乃陰之髓。陰陽混沌時，始知天地理。法象動乾坤，浮沉上下取。是黃黃非金，是白白是銀。白金是銀銀是母，母隱子胎不是銀。黃乃是金金非子，子藏母腹却是金。火是金兮銀是水，金水原來却有因。水須尋火爲眞火，火裏求金是寶金。用心尋取幾句話，如撥雲霧見天心。噫！金要黃，銀要白，黃白内隱眞魂魄。魄魂結就金丹根，不是凡間金銀得。煉之秘之勿輕洩，莫與凡夫俗子說。

附陳竹泉傍粧臺一首

傍粧臺，甚稀奇，金丹容易少人知。但看男女生成理，卽此造化是玄機。汞鉛二物家家有，多因學者自愚迷。目前事，何用疑，不明造化總成非。妙難言，汞銀非當等閒看。一年只許七觔半，少者無憂多者愆。

附李保乾擬華山碑訣一章

將紅鉛九兩，入池化開，後投生砒一兩，攪勻封固，座於爐上，打火五香。冷定取出。照前入池，再投生砒一兩，封固，又打火五香。如此九次，生熟相制靈藥昇盞，其形墨黑。鉛是紅鉛，砂之表得，紅鉛與砒共十八兩，配骨六十四兩，吞過金炁之汞十二兩，以胎鉛煎過之母六兩以上六次配煉母六兩，共爲百兩配雖如此，必依書中之法，各樣藥物煉過方靈。又用砒砂十八兩拌勻封固經云「一處」，入灰缸內養，排插火二十一日，每七取出打火五香，冷定，將砂揀出，收貯聽後用。以前紅鉛九兩，同制過生砒九兩，以此二物制骨。其法用骨六十四兩，將骨化開，投紅鉛、制砒各三兩，冷定取出，又入池內，將骨熔化，又投紅鉛、制砒各三兩，取出照前又投。三次共投鉛、砒各九兩三煉池中銅血盡，加汞擒之總不難。鉛砒投完，骨血去盡矣。

配骨之法，將骨六十四兩，砍如粉碎，用前所養之砂十八兩加上天魂，了却妙訣，同骨細研，吞過金炁之汞十二兩，胎鉛制過之母六兩經云「四物配合做一家」，共裝入灰缸之內，養至念一日，每七打火五香養一煉三七勿迫。日足開看，形白如雪。明爐熔化，堅剛似鐵。砂兒卽眞土，一似雪花鮮。紅爐煆煉後，又要軟如綿。復入灰池内，用鉛要過關。鉛盡成玉寶，非當等閒看。

張真人 著 玉田子 註

金火靈篇

玉田子註金火靈篇序

玉田子者，虛無中人也，諱雲中氏。偶獲異人以金丹內外之訣秘授之，曰：「金丹之母，名爲眞鉛，又名白金，須取水中銀、出山有氣之鉛而煉之。上古眞仙用作丹頭，點化紅鉛。紅鉛伏火，方號眞鉛。世有盲燒瞎煉者，妄言丹道，哄惑於人，汝即請教指示：金丹之母爲何？水中金爲何？有炁之鉛爲何？知之悉者，眞師也。」僕承天命異人秘授，以坎離爲宗，以火符爲用，編作詩歌，法竅手法悉備。先言坎離二卦、先天祖炁，次詠眞鉛、眞汞、眞土西江月三首，補詠眞汞西江月一首，眞鉛、眞汞、眞土歌三首，黑鉛、硃砂、鉛汞配煉大法歌三首，火候七律一首、五律二首，坎離七律二十四首，手法七絕十五首，九轉丹砂口訣九首，丹房要畧一篇，附古仙詠眞鉛、眞汞、眞土七律三首，又玉田別韻二十一首。觀此書雖未言次序，而其中口訣法竅盡已詳明十之七八矣。上士得之，自然心領神會，貫徹了然；凡夫得之，反神昏氣障，愈昧愈疑。後之學者，亦須盟誓於天日之下，必要積功累行，庶幾可授。又看根基何如。若果上哲之士，賦性聰明，存心忠厚，立品端方，素行正直，又能忠君孝親、尊師信友，方可傳之。苟譏謗聖神，訕誣正道，奸盜詐物，一切胡行，若不慎而傳之，定干天怒，霹靂難容。慎之慎之！

玉田子謹序

金火靈篇序

夫金丹之道，其名至多，總不外乎銀鉛砂汞四者而已。蓋學者不肯用心精進，窮取金丹先天之本源始從何來也。故道君垂教，命名曰金丹。夫金丹者何也？即太極也，「金火」二字是也。蓋取鴻濛未判之先，早有坎離二炁，杳杳冥冥、恍恍惚惚之炁凝結之後，坎水壬癸爲太陰，爲乾金，爲白金黃金、紅鉛黑汞、白雪黃芽、烏肝兔髓、日精月華、嬰兒姹女、戊土己土，其名雖然不一，其實乃坎離戊己變化而已矣。蓋天地非坎離不能運化陰陽，金丹無坎離而鉛汞失其宗祖。自此乾坤各得其位，五行各賦其性，而金丹得變化而通靈矣。今之學者，不求其本，而逐其末，盡用凡鉛、凡汞、凡母配合而煉之，望其發藥成寶，誠哉難矣！殊不知丹經有云：「若要水銀死，先須死水銀。水銀若不死，如何死水銀。」夫先死水銀者，乃先天之眞水銀也。不是砂中汞，乃是二五之精妙合而凝結者也。此謂抽坎中一陽而爲白金，即所謂先天之眞水銀也。

僕得異人張眞人傳授，未敢自私，故筆之於書，以公同志。其中之詩歌俚言，先以坎離二炁記於篇首，爲金丹之祖，而金丹之法，不外鉛汞之中而求之矣。然鉛汞之表裏，實坎離之法象。其配合之訣，雖爲陰陽二炁，紅鉛黑汞乃金丹起手之大藥也。然造天元服食神丹、地元戊己二土，亦非學人所能知者，必待眞師傳授，方可下手爲之。其實乃一味眞鉛，而眞鉛乃水中金也。然眞鉛乃自黑鉛中投紅，養火三日，猛火烹煉，木載金浮而取出也。蓋黑鉛中有白鉛，白鉛中有黃鉛，黃鉛名至尊，乃黃芽也。乞同志者詳之，乃無極中一點虛靈之炁，謂之眞鉛也。此氣得之，至簡至易，至微至妙。訣破眞鉛，產於無極，隱於深淵。採眞鉛乃得眞汞之炁，行晝夜六十四卦火候，終則丹砂純黑，入火無煙，是名眞死，化作眞鉛，轉製三胎，通靈點化，自無難焉。

僕今將張眞人所授秘訣，盡備載於篇中。雖云三姓同宗，而實兩弦之炁也。然一生二，二生三，三生萬物，其語若爲尋常，實乃仙人化育之機、上聖不傳之秘旨也。一生二，二生三，知斯二者，則金丹之道畢矣，神仙之位可至。若昧此言，便是鈍根。然必九世人身，方遇此書。此書在世，有千萬神人吏兵跟隨保護，雷部火官暗臨稽考，得之者秘於胸臆，勿洩匪人。道備丹成之後，此書仍逿天府，其後非萬刦不能再傳矣。

仙舟李保乾序

金火靈篇全卷

張眞人 著 玉田子 註

先天祖炁金丹秘訣

☲日火炁。日者陽內含陰，象砂中有眞汞也。陽無陰不能自耀，其魂正名天魂，又名雌火，乃陽中含陰也。日中有烏，卦屬南方，名爲離女，實火龍之法象也。

☵月金炁。月者陰內含陽，象鉛中有眞銀也。陰無陽不能自瑩，其魄正名地魄，又名雄金，乃陰中含陽也。月中有兔，卦屬北方，名爲坎男，實金虎之法象也。

詠眞鉛眞汞眞土西江月

眞鉛

丹祖金郎之體，丹家號爲眞鉛。神光萬道隱深淵，可謂視之不見。外是狂夫俗子，聖人在內居焉。青娥配合得團圓，產個明珠燦爛。

眞汞

天寶名爲眞汞，又號東海青龍。飛騰變化在離宮，時人休得亂弄。若要變化靈動，必須水虎相從。自從嫁與白金公，一點芳心永共。

眞土

戊己先天眞土，銀鉛砂汞包羅。夫妻得此意偕和，要把鴻濛鑿破。治亂必須求將，太平宜罷干戈。偷寒送煖賴黃婆，無事中宮穩坐。

補眞汞

一首。此眞汞者，謂眞正死水銀也。

點化靈丹妙藥，水止一味爲奇。自從那日赴華池，因與金公相會。七返九還氣足，聖胎結下嬰兒。紅鉛從此不能飛，至寶成金罔替。

眞鉛歌

丹家有藥號眞鉛，陰裹含陽炁一團。杳杳冥冥居混沌，靈光一點隱深淵。有形視之純□□，無象推之氣化煙。體能包藏含五色，神光燦爛氣生天。然非硬兮亦非軟，不是汞兮不是鉛。忽然藏在蟾宮裏，或居壬癸或深潭。君不見，金丹眞鉛體，温潤無瑕玉堪比。水裏金郎應斗旋，坎中一畫眞機擬。脱去黑袍衣白袍，外爲狂夫内少女。此是先天眞鉛體，水銀遇之羊遇虎，銅銕投之立化銀。眞鉛大藥最靈妙，原來地魄配天魂。

眞汞歌

天上靈寶名眞汞，眞汞靈兮有眞用。太陽宮裏火龍精，朱雀啣煙飛不動。君不見，丹家眞汞體，美玉良珍堪可比。生來幼小號青龍，内象離宮一點紅。別號靈芝稱白雪，逆取龜蛇顛倒訣。水銀實死是丹頭，要把金郎先認的。若論點化無別功，只此一味水銀藥。雲從龍兮風從虎，二炁交加戊己宮。當時不賴眞鉛煮，今朝焉有大神通。

眞土歌

坎離配合爲眞土，日月根基天地祖。寂然不動鎮中宮，原始刦來亘今古。虛無靈妙紫金容，魂魄生成戊己中。戊己中央爲黄帝，此土得之眞簡易。守之有道採有法，南極火龍堪匹配。這眞土，產中宮，一點虛靈造化中。這個戊己含眞象，深隱黄房豈露容。這眞土，少人知，知者丹成在片時。大道無形眞有土，坎離二卦合刀圭。學人問我從何得，日月宮中會幾回。

詠黑鉛

位列玄冥號黑鉛，鴻濛未判隱先天。黑中藏白金沉海，陰勝陽微坎蔽乾。煉虎火看明月候，降龍時待一陽還。嬰兒長大須婚配，獨娶南鄰姹女賢。

玉田子曰　夫鉛乃乾中一點眞陽，入於坤腹，變而爲坎，此天一生水也。内藏先天眞一之炁，實太陰之精華，射入水中，結而成形，名爲黑鉛。而内丹爲腎中眞陽，神寓於陰精之内，乃先天之祖炁，人命之根蒂也。在外丹爲眞鉛，性秉金水，必須眞土配合，二炁絪緼，凝而成寶，被火逼出，木載金浮，名曰水中金也。而變化之名，至不一焉。曰地魄，曰黑汞，曰庚金，曰兔髓，曰月華，曰白虎。欲煉金丹，必以山澤爲上。其形混沌，鴻濛未判。金沉水底，陰勝陽微，必假灰池，騰盡陰癸，而見壬水眞形。其數須以出山聚炁子母鉛三十六觔，分爲九池，一池四觔，只取得消去陰精壬水之鉛八兩，所謂「一觔二兩是眞材」也。又曰：「三十六觔黑鉛水，七十二兩砞砂配。」是以七十二兩壬水，分作九池，每池用一百九十二爻壬水，以製一百九十二銖丁火。此爲妙訣眞機。即漁莊錄云：「銀鉛相對與汞停，煉成大藥號金精。」謂之「相對」，則必二物與之適均。地元眞訣云：「八兩癸水煉一兩，玲玲瓏瓏不敢講。」又云：「水如數，火如數，眞炁絪緼頻頻住。」正此之謂也。

黃白鏡眞鉛序云：　欲煉金丹，須覓眞鉛。鉛從何生？　蓋自水中取出。眞從何產？　必須配汞烹煎。　金水相親，土鉛配合，借煅煉以定浮沉。　浮者爲金，沉者爲水。　卽銅符鐵券云：　「採得壬水一分眞，不換黃金重一觔。」愼之愼之。**頂批**　此壬水非消去陰精壬水可比。

詠硃砂

南鄰姹女秀而佳，獨守熒宮不露華。　靜養香閨潛兔窟，嬌眠絳閣運龍車。　春心一點情難繫，明月三更景正嘉。　最愛金郎多貌美，尋媒拚命配於他。

玉田子曰　夫硃砂者，外赤象離，內含木汞，名曰天魂，產於黔南辰州，有紅黑兩種。　煉丹者，須用箭頭明亮者爲佳，豆瓣石榴者次之。　然必用出山金炁旺之子母鉛，方能制死砂汞。　若其實死，名曰紅鉛，又曰白金，乃太陽之精光，射入土中，結成龍虎刀圭，靈異非常。　姹女娉婷，朱雀煥彩，青龍秉於乙木，火龍出於離宮，日精之燦爛，木火之光明，煉成而爲烏肝，眞死而爲己土，爲煉丹之大藥，修煉之聖母，靈異莫測。　欲求制煉之法，須知烈性難擒，必假北方壬水，方能製死南方丁火。　丁與壬合，妻從夫化，育子誕孫，又借坎內庚金，以尅離中乙木。　龍虎戰鬬，三五火符，然後借丁公之力，木載金浮，名曰水中金。　丹道得此，萬事畢矣。　就內丹而言之，謂之心，乃藏神之舍，而性寓焉。　欲煉此心，必先絕其萬慮，擯去私慾，無一物以窒於心，無人無物，不知有天地，不知有死生，而後神靈性靜，大藥方生。　藥生而採歸爐，則克己之功夫至矣。

鉛汞配煉大法歌

從來丹道有神玄，須求眞土與眞鉛。兩家配合火功煉，浮沉一定產先天。玄奇異寶原深奧，金粟松花有秘傳。無中生有先天兆，鉛砂配合結成丹。火分文武白金現，昇出金花神氣全。二物已成先天寶，丹砂相配鼎封堅。屯蒙子午抽添火，三五之符七八完。胎成子產稱仙母，再生再育妙無邊。誕子生孫爲至聖，起貧之本致富源。字字眞機句句妙，有緣遇著莫輕傳。

玉田子曰　其法將去盡癸水之鉛，入於灰池，發火烹煉，待至滿天星斗浮沉轉，寶月金花劈面來，再投木火，莫離方寸。故曰：「三開三合產眞鉛，現出芙蓉花萬朵。金炁含精玉美花，認得鉛花好作家。但將木火投於內，自然玉樹結琪葩。」此時白金既結，再將白金又入灰池，大煉，收取上面金粟松花。如此九池，每池爻銖進畢，封固嚴密，用火薰蒸三香始息。寒爐退火，一夜爲的，破釜觀看，白金面結，昇出靈芽，形如琥珀，名曰庚金，體輕色黃，務令庶母同煉，行前後九九功夫，即洞天秘典云「若是九陽功不到，却從何地起丹砂」。如此轉製，方爲眞土。丹家得此黃白二金，萬事畢矣。識其妙者，必須秘之，勿洩於匪人，恐受天譴，悔之晚矣。

詠火候七律一首

鑿破鴻濛滿沼豐，陽池浪湧虎降龍。金蟬上下池中現，野馬氤氲海底逢。汞死煎乾金裏水，鉛枯燒盡火中紅。用鉛不是用形質，體隔神交令炁通。

詠火候五律二首

若採先天汞，乾宮插一爻。黑白分玄竅，龍虎戰波濤。坎水頻頻發，離火不相饒。二炁氤氲後，金花朵朵朝。朱雀化黃土，神火種玉苗。都來坤土釜，聚會赴蟠桃。

金水相停處，中秋月正明。紅雲生滿沼，現出老龍鱗。急入追魂藥，金胎自結成。留壬去癸後，採出水中銀。

坎離七律二十四首

其一

坎離恍惚杳冥精，水火胎凝萬象新。二炁判兮分宇宙，兩儀交處立乾坤。須知眞土名眞汞，若得陽精是水金。戊己宮中藏日月，天機誰肯向人云。

玉田子曰　坎離恍惚杳冥，謂開闢以來，日月照之，未有不從此而發明者也。著二炁之光華，決水火之造化，謂兩弦之龍虎，言鉛汞之魂魄，以發明戊己之定位也。經云：「杳杳冥冥，恍恍惚惚，其中有物。」謂眞鉛在北海之中，内隱金華，人所莫測，故曰「用之不可見」，正謂此也。陰土，卽砂中神火；陽精，卽水裏金郎。戊己爲兩家之媒妁，日月爲太極之根基，金丹由此成，其餘非眞。然古今上士，得而行之，秘而守之，誰肯將此語向人云乎？

其二

世人都說煉眞鉛，盡聽愚人妄指傳。自古見之不可用，從來有用未曾煎。燒成鈍質神飛散，煉壞眞形氣化煙。幸獲眞人傳妙旨，敢將日月會中天。

玉田子曰　近來學者，都以自巧會煉眞鉛，或用龍洲鉛、北方鉛，或用西蜀清溪等處黑鉛，又按周天三百六十爻銖的度數進鉛，臨爐觀花，九池煎煉，凡銀以求黃母，自立其名，曰水中金。呵呵一笑而已，却不知銀鉛入火，魄散魂飛，燒成鈍質，煉壞眞形。乃用無用之銀，只可煉來以沽酒，豈可煉黃母作丹乎？經曰：「一胎兩個雙生子，識得雙生便是仙。」言雖淺近，而滋味深長矣。嗚呼！殊不知眞鉛一味，位尊無極之先，神隱恍惚杳冥之内。見之不可用者，神靈不可以輒造可得，不以煎煉可求，產自先天，其光皎潔。此道不遇仙傳，庸人何得强辯也？

其三

要得眞鉛水裏尋，天然產就藥非輕。青龍隱象還非象，白虎藏形豈露形。只此兩般神炁合，更無別味藥相親。昨宵因翫易中妙，方知月窟配天根。

玉田子曰 世人若煉大丹，務須妙中取火，必要水裏求金。謝丹表云「金火同宮，日月合璧」者，此也。言青龍隱象，實非著其體而言之，蓋用其神而會也；言白虎藏形，實非就白金之體而言之，蓋取其炁之靈也。又要白金與砂汞兩下相交。這裏如何下手？學者至此問到徹底處，個個便推開。殊不知金丹作用，惟取鉛之精、汞之髓，地用其魄，天用其魂。故邵子得之，取易象而發明太極無極之機、先天先地之妙。蓋取之不離乎眞陰眞陽之先天也。

其四

舉世燒丹用五金，萬般作用枉勞心。不得戊己爲丹母，却以砒硫望點銀。坎孕雄金稱地魄，離含雌火號天魂。龍脂虎髓調和後，種得黃芽漸長成。

玉田子曰 多見世人精選世間白銀，苦用黑鉛煎煉，却配砂、汞、砒、硫等藥。或云「堅剛其體，不受砂尅」，或死銀砒製母抱砂，或乾汞用硫，枉費家貲，何成寸功？古云：「智者不惑。」何其味而爲之？更不求戊己之根基，以明陰陽之先天也。但得虎髓八兩，配龍脂半觔，二物調和，温養日足，自然脱胎神化。若言五金八石，圖望成功，如漁人觀水底之光，張網而捕魚也。得之失之，愚哉賢哉。

其五

鉛體潛藏汞亦同，兩般眞炁在其中。寂然不動人難測，但得相同氣便通。那堪燕雀從鸞鳳，好將白虎會青龍。有時遣得逿黃道，反掌丹成戊己宫。

玉田子曰　蓋眞鉛之體，神隱深淵，炁藏戊土，與眞汞一般同也，各守中宫戊己黃房。經云：「寂然不動，感而遂通。」無中生有，神化莫測。然而鉛汞二物，不類五金，鸞鳳乃天地之正炁，豈燕雀可得而同也？白虎青龍，實金丹先天之本源，學者得之，收逿黃房，丹成反掌，全憑戊己之功也。

其六

戊己天機不偶傳，這般巧妙實幽玄。許多譬語咸稱汞，無限文詞總讚鉛。虎嘯一聲龍出窟，水翻三浪火沉淵。沉淵實死名乾汞，一滴眞乾萬滴乾。

玉田子曰　戊己無定位，旺於四季之末，神化無邊際，隱顯莫測淵。遁甲曰：「六戊爲天門，六己爲地户。」戊乃純陽，有生殺之妙機，己乃屬陰，有發育之玄妙；　戊乃陰中之陽，己乃陽中之陰；　戊象坎中，己猶離腹：　奥妙幽玄，千變萬化，皆不外乎戊己二土也。上古眞仙聖師，立下許多文字，不過言鉛言汞，譬喻讚揚。言眞鉛在爐中，遇凡火煆煉，虎嘯一聲，金華併出，眞汞相吞相噉，所謂「火裏好栽蓮，眞人自出現」。眞汞既得眞鉛之炁，魂自沈淵，砂體純黑如銕，是名眞死。參同契云：「須知戊己宮，不得言如銕。」又云：「水盛火消滅。」信不誣矣。丹砂伏火，方號眞鉛，前鉛又無用矣。前用眞鉛，是眞鉛死的砂。這個眞鉛，是砂死轉制，亦名眞鉛。故經云：「轉制分胎三次後，却嫌宗祖是囂塵。」丹成之後，前鉛去却。經云：「用了眞鉛也棄捐。」咦！若得一粒眞鉛死，何患汞癸他不乾。

其七

魂魄宮中會坎離，這般料得少人知。經天太白沖熒惑，倚漢南辰貫紫微。鸞鳳豈生燕雀子，蛟龍不乳兔䶂兒。晥珠飛入深淵裏，龍虎丹成在片時。

玉田子曰　天魂地魄，會於中宮，這句言詞正是緊關處。這魂魄出乎無中生有，若論點化，只是顯聖顯靈。經云：「熒惑守西。」謂火入金水之鄉，交結之後，自然生出許多造化，能點五金，善開八石，立成至實也。言龍與鳳二者，各賦性於種類，非類不可也。朱雀投江，決然實死，所謂眞汞得了眞鉛之炁，温養而成大丹也。

其八

水火胎凝不等閒，兩家配合一般般。但將坎水滰離熖，自有青龍伴虎眠。戊己神全成大藥，坎離氣盛是靈丹。分明二物陰陽祖，無極之先太極先。

玉田子曰　上文朱雀投江，卽此水火胎凝之一理也。又取兩弦之炁，分兩均勻，不可太過不及。火龍性燥，不是經過金水之炁，甚難制伏。經云：「上弦金八兩，下弦水半觔。」又云：「水火均勻方得藥，陰陽差錯不成丹。汞性燥，鉛不及，火盛則爲煙上騰。」又言鉛體沉重，多則不能成眞。水滰離熖，不過取水盛火滅而已。全憑戊己傳送兩家消息。紫陽翁云：「坎離若還無戊己，雖含四象不成丹。只緣彼此懷眞土，遂使金丹有返還。」正謂此也。蓋魂魄二物，乃是陰陽之祖，非是太極之後，乃在無極之先也。

其九

萬計千方死水銀，任君燒煉總成塵。龍芽仙草尋半世，硝石礬礶問幾春。只望養砂煎至寶，徒勞烹汞不成金。付之一笑眞愚輩，妄把天機扭揑行。

玉田子曰　常問多人，說會死水銀。等我去學，他做時，動手便弄壞了。却用五金八石草木諸般烹煉水銀硃砂，又入匱中養過幾七，及至入爐煎銷，體隨煙而散去矣。夫金丹大道，乃天地之根基，非頑類之可比，主日月之精華，本金火之魂魄。或謂我之賢我之愚，神而明之，存乎其人。

其十

□□□方爲汝傳，火龍飛入紫微垣。坎離二物分清濁，戊己三家□後先。月魄輝輝攢紫府，日魂耿耿照中天。自從受得仙師□，龍虎山中煉大丹。**蒲團子按** 缺字爲原稿脱落。

玉田子曰 眞仙聖師，送我兩般藥物，但所用者，是火龍脂八兩，金虎髓半觔，戊己調和，三家相見，自然產出金丹。火龍飛入紫微垣，謂眞汞投入眞鉛也。藥物實是金火二味，配合不外戊己土三家而已，古云「點化靈丹眞妙藥」也。是爐中金火，爲「不用破形並敗體，生成戊己作良媒」。戊己乃是太極定位處，權衡龍虎之作用，掌握坎離之機關，配合鉛汞之媒妁。非此，則兩儀不能立位，龍虎不能成形，坎離不能變化，鉛汞不能成大丹也。

月魄，卽水虎也，黑鉛也，地魄也，眞鉛體也，以黑鉛投入紅鉛而謂之「攢紫府」；日魂，卽火龍也，紅鉛也，天魂也，眞汞體也，以紅鉛入於黑鉛謂之「照中天」。中天，卽中宮，卽天門也，卽魂魄之交姤處。

僕遇眞人親授秘訣，安敢隱爲一己之私？凡我同志之人，心思熟翫此篇之言，可謂仙機盡露。仙師，謂授道之師也。龍虎山中，非專去求龍虎，乃鉛汞是也，爲艮，卽「艮」無頭，謂水中銀也。《契》云「不可泥象執文」，其此之謂與。

其十一

古今得道煉丹成，兔髓烏肝各半觔。龍虎初弦堪入藥，坎離二炁始相親。兩般造化千般用，三姓通靈萬姓靈。記得吾師留至語，好將地魄會天魂。

玉田子曰　上古眞人，煉成大丹者，亦不乏人。但所用藥物，俱是日中烏、月中兔。這兩般肚腹裏的東西，悉取人間不見之物，配合成丹。所謂龍虎，兩弦之炁也。只此兩般，可以入藥。三家相見，方能成丹，自然有千變萬化之妙用。但得三姓通靈，萬姓自然通靈矣。紫陽翁云：「但將地魄拴朱汞，自有天魂制水金。」玄哉妙哉！眞仙師之言也。後學謹愼，只要認得這兩般藥物，眞正配合停當，送逿土釜，何患金丹之不成哉？

其十二

眞人攜我到瑶池，親見神仙煉紫芝。紅裏求青君早得，黑中取白我先知。降龍妙手爻中滿，伏虎丹頭卦內虛。今日遇師親下手，肯將妙法等閒施。

玉田子曰　蒙師攜我到修煉之家，得見配合金火之藥。金，不過言眞鉛也。鉛而非鉛，却在黑鉛中採取先天白金而用之。火，不過言眞汞也。汞實非汞，却在紅鉛中求無極之眞汞也。古云：「鉛爲池沼砂栽藕，銀作園林汞結瓜。正是仙人眞下手，溫溫火候莫稍差。」僕宿世今生，幸遇仙緣，皇天憐我苦極寒深，感得眞仙，幸爲我傳，將妙旨於每章之下露出眞機，但下手處又在至人之心傳口授也。僕豈敢以此大道妄洩匪人，苟且輕弄而施爲哉？

其十三

大藥丹頭魄與魂，羲皇演易甚分明。離宮青女留心覔，坎位黃郎着意尋。只見汞鉛煎至寶，未聞樸類點成銀。得來不費些兒力，覆載河車一羽輕。

玉田子曰 金丹大藥，卽天地之魂魄也，實從此二味煉成的古今大仙，而不出魏老仙翁之旨。設象昭彰，著明金丹，用乾坤二卦爲鼎器，取坎離二炁爲藥物，中央戊己實鎖鑰水火之門户也。玄哉妙哉！大丹之法，至矣盡矣。

坎爲北斗之機，運轉天河，晝夜不息。上仙惟取黑鉛中生出壬水，去濁留清，鉛枯汞伏，故云用鉛之炁同乎一羽之輕也。

其十四

蠢誘盲人指藥苗，砒硫磠膽學燒茆。煮砂遍地尋茅草，烹汞沿街問磠硝。好似黃丹煅玉粉，却將白錫煉金刀。黃礬酸石俱尋盡，拚著家財買炭燒。

玉田子曰 我昔年遇著多人，却與我都是一樣瞎漢。說起靈草藥苗，能乾成寶，人好之，我亦好之。及至尋草，又言平地不生，多產名山奇谷，又言黃房在陝西洞中，苦將五金八石一年弄壞幾番，一旦成灰，推賴藥物火候不眞，三朋四友，加減妙方，從新再幹。嗚呼！金丹之道，非眞鉛不可煎煉，非眞汞不可强爲，鉛實實在鉛中採取，汞實實在砂中搜求。然取眞汞而非取可得，求眞鉛而非求可見。所以，十段錦云「見之不可用，用之不可見」者，卽此之謂也。同志者，熟味此章之詞，破迷甚切，大丹之訣豈敢輕泄而妄爲哉！

其十五

我愛金郎志氣雄，生來幼小慣乘龍。薰風過處雷霆息，殺氣臨時宇宙轟。汞死煎乾金裹水，鉛枯燒盡火中紅。一團戊己和成藥，料得人間未必同。

玉田子曰　今日纔見這水裹金郎，眞果十分希罕。這番死水銀，死得十分玄妙。神哉妙哉！古云「汞傳金炁」者，此也。又云：「汞乾本是神仙藥，休執神仙別有方。」

薰風，謂虎嘯一聲，則火龍不敢飛走，只得和氣相從。「白虎自兹相見後，晥珠豈敢不相從」，斯言也，信不誣矣。看來今日，只是戊己團成藥品，金火烹煉的丹頭。我輩儘力，只尋得這兩味藥物，再無餘藥加添。賢者昭然而爲之，愚者昧焉而不能行也。

其十六

溝漏丹砂幾度秋，今將秘訣爲君留。五行備載陰陽主，萬化生成戊己收。水隱黃芽乾汞藥，火藏白雪大丹頭。昨宵清夜觀乾象，月到中天貫斗牛。

玉田子曰　仙翁燒煉大丹，千載之下，古今得此道者豈鮮哉？蓋上古眞仙至聖，立言垂教，方著丹書，不過著明眞鉛眞汞之旨。今遇仙師，幸傳秘訣爲我言曰：「五行水、火、木、金、土乃屬陰陽二炁之主宰，循還運用，功逿戊己之權衡也。」僕再拜而問曰：「外丹之道，固然如此，敢問服食與內丹可乎？」師曰：「子欲聞內丹之訣，必須對天盟誓。」乃焚香而誓曰：「妄洩至道，永墮地獄。」「內丹妙在神水華池，藥生彼家。悟眞篇云：『此般至寶家家有，自是愚人識不全。』陽光初現三日前，過此非眞，乃爲內修金液還丹。至於服食，豈不聞雲房老仙云『人人都說煉還丹，精選硃砂作大丹。若以外丹化內藥，原來金石不相干』？純陽翁云：『不思還丹本無質，反餌金石何太愚。』」仙翁說到此處，可以貫徹心胸。今夕可觀乾象，月到十五日金水氣旺之時到中天，卽指紫微帝座與北辰相貫，所謂「陰裏含陽」也。言癸不言水者，蓋取其炁之靈也，實內外金液還丹之至道也。

其十七

數載殷勤學煉丹，偶於天外得師傳。當時聞說龍從虎，今日方知汞配鉛。假裏求眞名太極，無中生有號先天。摶來戊己爐中煉，總與仙人事一般。

玉田子曰　僕自幼至長，殷勤師友，參訪金丹，費盡萬苦千辛，家業竭盡，毫髮無成，窘迫至極，恒心不退，而道心愈堅。僕常懷少時雲山鄭先生每對吾先君言曰：「天上之雲從龍也，地下之風從虎也。」雖則聽之於心，幼不知悟，豈知今日却是眞鉛眞汞之隱諱也。蓋此龍虎二物之中，定要知其驅龍就虎結出眞鉛眞汞，而爲先天炁結之白金也。若非無中生有，俱皆是假。古云：「若要水銀死，先須死水銀。」仙人說到下手處，這場造化，妙在心傳，豈虛語哉！僕不揣凡愚，濫忝至道，遵承師教，次第行持，今日果然修煉大丹，與仙人事一般同也。

其十八

尋草求芳學煉丹，未知何日汞能乾。燒成頑物神飛散，煉去眞形氣化煙。捏就泥龍焉入水，剪成紙鶴豈沖天。若云草木能乾汞，石馬人騎也上山。

玉田子曰 世人多乖，獨我輩愚，拜人求方，覓尋靈草，經年累月，未見乾得分毫，放在爐中，化作青煙飛走。今日參透這般理，道豈易易哉？木石之馬，人可得而騎哉？學者戒之。

其十九

竭盡家囊沒一錢，飄蓬四海遇仙緣。無心守業因求道，有意尋山爲採鉛。天一洞中朝玉闕，太玄山上步青天。不毛之地皆如此，聊借薪燈錄妙言。

玉田子曰 僕因求道，罄盡家貲，身邊空乏，命運有差，無些兒造化，遂攜幼子，竟往天涯，登太玄山，至老君臺，自初至頂，盤旋兩晝夜，入一洞中，名曰天乙洞。內有一道人，指吾看石壁上字跡。吾記云：「入吾山，得吾丹，入我天乙洞，得我眞鉛汞。」僕讀畢，泣啼叩曰：「望垂指教，普渡羣迷。一得醒悟，萬刦不昧。」眞人曰：「子今學業已到，可襲天風，纔能至此洞中，決非偶然。」言畢，命僕石床側坐。眞人遂於袖中取出書一卷，與僕觀之。其中有坎離二象之法，名曰金火靈篇秘訣。僕謹領授之。抵暮，就此洞中以薪爲燈，謄而懷逿，豈虛語哉！

其二十

三姓同宗共一家，玉田金谷長黃芽。震宮龍嘯西山虎，南極園開北地花。九轉丹成靈妙藥，五行訣定用河車。嬰兒姹女相交會，金火同宮煉紫霞。

玉田子曰 三姓同宗，却是鉛、汞、土也。雖云三姓，根本則一，鉛、汞、土俱一炁所化也。但知用與不用。又曰：「用鉛鉛是舊丹田。」田內種硃砂，實死號黃芽。此藥要在山澤中出來的鉛汞而爲丹基，此田可種紅鉛於其中，功滿日足，自然黃芽漸長，白雪成胎，形神並妙，烹煉成金，永不壞矣。經曰：「長男乍飲西方酒，少女初開北苑花。若使青娥相見後，一時關鎖在黃家。」又云：「汞用鉛湯煮，鉛須汞火烹。二物同在水，造化妙如神。始無黑鉛氣，何成九轉功。」金火丹結，全憑戊己，黃房亂墜天花，不外太陽宮闕。除此二物眞炁配合成丹，別無他物也。

其二十一

爲道奔馳萬里程，八千路轉黑松林。不將東土車兒載，却使南方馬力尋。固意參詳朱氏子，留心細翫老猿精。唐僧不肯分明說，假借西天去取經。

玉田子曰 古今人多尊賢取友，一聞至人所在，不辭千里迸馳。昔唐僧因參純陽丹訣，呂翁秘謂僧曰：「汝可往西域太玄山天乙洞中訪眞人。」過黑松林，遇老猿精，興妖作怪。僧密咒曰：「謹請南方火龍神，火鈴威武大將軍，爲吾攝伏老猿精。急急成丹，如律令勑。」黑松林是黑鉛也，林卽東方木也，乃是太玄山天乙洞中生長之物也。蓋猿屬申，厲西方金旺之鄉，乃白虎之精，故降之而用南方之神，乃火龍精也。其秘訣云：「既得黑鉛金精，必以紅鉛而配之。」金郎，卽河車，卽黑鉛也。午屬馬，居南方離位，乃金丹之位也。火帝朱雀八戒，乃南方炎帝之子，故號火龍將軍。唐僧，一沙彌耳，方袍圓領，體配黃裳，卽黃婆也，實戊己土也。卽鉛、汞、土三姓合爲一室也。學者熟翫此章之詞，觀到此處，令人拍手大笑。可見純陽仙翁心法不露些兒，只說西天去取經也。蓋西方之金，乃眞金也。自古及今，誰能知之？如此隱而不露，秘仙師之旨，固當珍重，定不敢妄傳非人也。

其二十二

產藥川源各有疆，藥苗須產性非良。形容相類神無驗，體象殊同色少光。木火斷然求震位，金水決定在西方。不因偶遇眞人張，怎肯親身入彼邦。

玉田子曰 蓋眞鉛眞汞，自古及今，多因未遇至人點破眞訣，妄用五金八石。奈何情性非良，合藥無驗，則大藥不成。推之則源流不清，用之則神炁混雜。訣曰：「姹女斷然求震位，金郎決定在西方。」須採而煉之，能知潭底日紅、山頭月白火候，結出龍虎胞胎，又名曰一炁靈胎。經云：「同類易施功，非種難爲巧。」然砂汞銀鉛，俱是同類之物。不然，唐僧乃東土之人，東方有木汞，又往西方求取眞金，使其金木交併，而煉出先天炁結之白金，卽是金丹起手之要藥也。此乃純陽老祖秘訣之心法也。乞同志高明，詳其上文，請熟思之，幸垂鑒焉。

其二十三

至道天機妙且深，金丹須用火龍精。日爻陰耦生眞汞，月卦陽奇產白金。女孕硃砂男孕雪，北藏熒惑南藏壬。兩般指的鉛金祖，莫向諸般雜類尋。

玉田子曰 金丹一訣，上屬天地之機，日月之精華，戊己之配合，金火結成之白金，非日月不能明其金火，非坎離不能言其魂魄，非龍虎不能喻其鉛汞，非鉛汞不能煉成大丹。訣云：「鉛是汞藥，汞是鉛精。以黑投紅，神仙事畢。以紅入黑，可謂丹成。」今日方知坎離眞炁，乃鉛汞之表裏。學者留心觀此乾象，猶昏衢之炬燭，照見大道之光明。

其二十四

鉛出白金汞產砂，中藏造化實堪誇。若將金石爲丹藥，猶種蓬蒿望長蔴。坎内黃男爲藥祖，離宫玄女號丹娃。眞人口訣宜珍重，吩咐修丹莫認差。

玉田子曰　上士煉丹，不外黑鉛中採取白虎之精炁，硃砂内求見青龍之眞液。然此二象，都在虛無一點之炁求之，故曰「用之不可見」。聖人「以法追攝」之「追」，卽採也。蓋取天魂地魄二物，隱於恍惚杳冥之中，神炁相投，金火交煉，無中生有，結出靈胎，而爲大藥。仙云：「踏破南陵捡青娥，不過瞬息；掀播北海捉金郎，只在片時。」假戊己之良媒，合三家之造化，胎完炁足，只候丹成，自此則仙凡頓異也。

手法七絶九首

家住蓬萊弱水中，仙人呼我號金公。良緣天假青娥配，產個明珠照太空。

產個明珠照太空，一天星燦碧雲中。不因戊己爲媒合，怎得眞鉛氣候通。

怎得眞鉛氣候通，一團春意在鴻濛。鴻濛太乙含眞炁，紅黑雙生號虎龍。

紅黑雙生號虎龍，兩家造化一般同。瑶池造化逿來後，獨對青娥展笑容。

獨對青娥展笑容，玉田今日喜相逢。許多造化藏胸臆，無限春風舞袖中。

無限春風舞袖中，些兒消息幾人通。仙郎獨臥天臺上，應有眞人鳳闕東。

應有眞人鳳闕東，惆悵仙郎弱水中。怪殺黄婆容易老，早將春信爲吾通。

早將春信爲吾通，莫笑青娥嫁老翁。自是瑶臺天上客，一胎二子化三公。

一胎二子化三公，轉制通靈壓祖宗。七返九還眞炁足，紫霞光裹耀金龍。

蒲團子按　「手法七絕九首」，原題「手法七絕十五首」，據正文改。

九轉丹砂口訣丹法

選擇眞正出山澤八兩，眞汞半觔，二物混合一處，送入飛仙池內，太乙神爐文武火煉三十六時，火候煉足，乃爲「三家相見結嬰兒」。鉛盜砂髓，砂盜鉛精，相呑相盜，乃作金丹之頭。火足冷定取出，其藥如粉，與金棗相似。仍照前用心煉八次，爲九陽神丹之法。母似太陽，脆如沙土，火化而不成汁，聖母方見眞死。如入火燒試，有汁者乃嫩也。經云：「母若眞死異名玄，那時纔與硃砂配。」又曰：「丹法次第，砂旣眞死，忙接丹砂。」必用先天祖匱內伏過鉛炁，得其精英，然後靈妙。可用八石，立便實死，點五金自然成寶矣。

九轉金丹妙訣

將煉死的金母八兩，配汞半觔，借丁公之力，文二武三，取出冷定，汞死如金色，可作聖母丹頭也。去母不用，名爲一轉。

詩曰　初轉凡鉛作聖基，又嬌又嫩又呆癡。通靈變化成仙體，三子點銅似雪肌。

今將初轉龍脂八兩，煉淨金虎髓半觔，每一池用藥砂也八兩，入於飛仙池內，借丙丁之力，煉十二時，冷定輕輕取出，去藥不用。將取出的老母再煉九池，母似太陽眞形象，汞見立乾，如雞戀雛，如貓捕鼠，不能走失。每母一兩，乾汞二兩，萬化不折，乃爲紅鉛。此二子之功用也。

詩曰 二翻清濁未分清，恰似雲遮一漢星。半暗半明如霽月，再栽再轉見光明。

將二轉死下的仙銀十六兩，與制死仙鉛對配，入飛仙池內，大火煉十二時，冷定取出，以藥作匱養砂，將煉出的仙銀三錢入鼎，乾汞一兩，乃爲三子之功。取藥作匱養砂，去母不用。

詩曰 轉制通靈妙更玄，三陽仙子號靈丹。從今却與金郎別，自顯神通點後天。

又將三子汞銀與煉死的仙鉛對配，入太乙神爐，煉一日，取出。照前共煉九次，令鉛藥作匱，將母收起。每母一錢，乾汞一兩，共乾汞銀若干兩，鑄成金鼎神室，高一尺二寸，圍一尺六寸。又將數百兩粉銀碎爲末，採擇光明丹砂三十兩，入於金鼎神室，層層間隔裝盡。又用煉頭次之藥，不拘多少，研爲細末，將鼎周圍築實，以鹽坭封固嚴密，入於灰缸，養四十九日，取出。每砂一錢，乾汞一兩。養出的砂共若干兩。將銀鼎神室不用，任其烹化，每一錢點缺一兩成寶。

詩曰　陽烏道備煉成形，只爲當年遇水金。秋月一輪光四野，龍吟天上虎無聲。

將四轉硃砂乾下的汞銀鑄成金鼎神室，高一尺二寸，圍一尺六寸。又將汞銀碎粉爲末，用光明丹砂三十兩，將四子乾下的汞與陸續收下的天晄十兩研末，與硃砂爲衣，用粉層層間隔，裝入神室内，用銀蓋蓋口，入磁鼎内。將三子煉母的鉛藥，不拘多少，爲末，將鼎周圍築實，封固養火三七日足，取出。每砂五分，乾汞一兩，乃爲五子之功。去鼎不用，任君烹化，每一錢點缺一兩成寶。

詩曰　五炁朝元道可期，只因塡滿腹中虛。如斯造化丹成熟，入聖超凡只片時。

又將五子乾下的汞銀鑄造金鼎神室。另將汞銀爲末，用光明硃砂三十兩，又用五子硃砂脱下的胎衣靈晄三兩爲末，與硃穿衣，外以金箔固體，層層間隔，裝内神室内，又用銀蓋蓋口，又入磁鼎内，用心封固，入灰缸，養火三七，取出熟丹砂。又用陽塵鑽一個，鹽坭固封，用稻草灰一觔，將灰一把放入鑽底，按平，又將熟砂放在灰上，又放灰，層層間隔，用水盞絆封固濟，提放地風爐上，行文火三香，取出，冷定，其砂中之陰汞昇於盞上，號曰退盡陰符。將砂又用得金炁之己土三錢，與硃砂穿衣放在盒内，養火一七，乃爲進陽火之功，號曰退陰符進陽火是也。又曰：「烹煉在此，超脱在此，傳神在此，沐浴在此。」每砂三分，乾汞一兩，乃六子之功用。用鼎烹過三分，點缺一兩成寶。

詩曰 我祖當年煉大丹，六妖魔魅骨毛寒。龍降虎伏魁罡下，留得仙風宇宙間。

又將六轉汞銀造成金鼎神室，另鑄一蓋。又用光明好砂十兩，將六子硃砂半觔研爲細末，將生硃砂拌同一處，裝入金鼎神室内，用汞銀蓋蓋口，又裝入磁鼎内，用心封固，入灰缸，養火七日，冷定取出，將砂摘出，照前轉煉進陽火。每砂一分，乾汞一兩，爲七子之功。今將六子熟砂末二分，乾汞一兩。汞銀三分，開缺一兩成寶。可用八石或匱砂。乃用七鳌點化一兩生缺，立成至寶。又將六子神室烹過三分，點缺一兩成寶。

詩曰 丹砂七子小瓊丹，玉笋開花朶朶鮮。我祖眞傳黄白術，暮收朝種壽延年。

今將七子熟砂十兩，收取八兩，爲末，作匱，接養子砂。先將汞銀鑄鼎，底蓋俱全。又用鮮明硃砂十兩聽用。汞銀四兩，另取硃裏汞十六兩，用汞銀合一處，匱成二八芽子，砍作小塊，同砂層層間隔，裝入鼎内封固，温養七日，名曰補炁之法。將砂摘出，同七子熟砂末半觔和勻一處，裝入金鼎神室內，汞銀蓋蓋口，封固嚴密，入於磁鼎，內灰缸中，養火二七，冷定，將砂摘出，照前烹過。熟砂一分，乾汞四兩； 汞銀一分，點銅十兩。此乃八轉之功。又將熟砂末作匱，抱養生砂，或八石亦可，入金鼎神室內烹過。一分點銅十兩成寶。珍之秘之。

詩曰 八子通靈妙入神，千年枯骨點成形。若將九子能吞服，凡體超昇作至人。

今將八子汞銀烹過聽用，又將八子丹砂半觔用戊己土與丹砂穿衣入神室內封固，養火一日，將砂取出爲末，用前烹過之砂一兩，共裝入一處。先將汞銀造成金鼎神室，高一尺二寸，圍一尺六寸，將熟丹砂末四兩放在底，又將烹過丹砂放在中上，用熟砂四兩蓋面，又將汞銀蓋蓋口，入八卦爐溫養十日足。取出丹砂一兩，每一分乾汞十兩； 汞銀一分，點銅十兩。又將熟砂末作匱，名號先天湧泉長生匱。匱砂砂死，匱汞汞乾，能抱八石。眞死一分，乾汞十兩； 汞銀一分，點銅十兩。爲丹頭九轉之神功也。

詩曰 九轉丹砂妙入玄，點銅乾汞卽成丹。濟貧助道功圓滿，白日飛昇兜率天。

用九轉丹砂一兩，用汞銀瓶裝盛在內，黃蠟封口，懸吊井中七日，退去火毒，又入粟米內七日，退去水毒，取來研末，用黃蠟爲丸，如粟米大，裝入銀瓶內，又用黃蠟封口，答謝天地神祇，然後服食，立成仙矣。

詩曰 光明九轉號金丹，一粒呑之壽萬年。與道同昇無阻隔，乾坤天地手中懸。

凡修煉大丹，必須要降龍寶劍一口，右左降魔杵二柄，縛妖繩一根，後用古鏡一面，四方鎭爐，以避妖邪，不能暗盜丹藥。但此四件，必須古物，或七、八、九轉汞銀打之亦可。

丹房要畧

鉛汞相投之理，諸家詳言之矣，而三丰祖師較諸家更爲親切。但配合之觔兩散見於詩詞，未嘗盡洩。今爲拈出，庶學者有所取則也。

金蓮經云：「八八坎郎入洞房，水源清潔貌堂堂。南園姹女年八歲，捨命投江配坎郎。水國暗藏眠共宿，龍吟虎嘯一般狂。連投七次他逼服，炁足神全命已亡。」訣是四觔黑鉛水，宜配八兩之汞以相配合矣。地元眞訣云：「四觔之水，務令制去陰精；八兩之砂，必須燒乾戊土。」正是金蓮經云「互相發時」。謂此二詩鉛砂配合之觔兩，可以無疑。但以四觔之鉛，即投八兩之砂，亦難制難伏。雖按採金歌言「三次花生半觔數」，八兩之砂必須分作三次投，明矣。至於投砂之後，有溫養，有煅煉。金蓮圖固已言之。蓋投砂一次，火須五日，投砂三次，火須十五日，明矣。

地元眞訣云：「採煉之時，分乎既未；烹煎之際，審乎陰陽。合朔望之弦炁，運星斗之靈光。」又曰：「朔日懷胎，金沈在淵；望日結胎，木浮在水。運出此金，須憑眞火。」返復此論，非十五日之火乎？金蓮云「相親相契，十五功完」，亦此意也。

而金蓮圖論投砂之法，又分三次言之。初種云：「火發金波沸玉池」，「種下金蓮紅日西」。又云：「金蓮初種煙波燰，一陽初生驗。」此一次投砂採金之訣也。二種云：「以鉛爲女汞爲郎，黑白池中仔細詳。」又云：「赤禽直入玄龜穴，飛下青霄月。蝴蝶四邊飛，吸盡金烏血。開合也，芙蓉花正結。」此二次投砂採金之訣也。三種云：「鉛枯自有眞金現，三次薰蒸三次佳。」又云：「三池種畢金蓮朵，結成羣玉菓。」又云：「黑金俱作囂塵去，白金自然住。」又云：「十五聖胎完，白金神自全。」此三次投砂採金之訣也。三種金蓮之意，八兩之砂，不信然乎？此際汞乾而鉛枯，於此可驗。

煉去枯鉛不用，取出乾汞，是名眞鉛，又名白金，亦名戊土。但戊土帶有陰炁，猶須再煉。煉而復煉，方得陰盡陽純。如漁莊錄云：「取出乾汞，雖名眞鉛，必須庶母同煉，行前後九九之功。」夫方成戊土，始能死己。其初次投砂，計二兩六錢，二次投二兩六錢五分，三次投二兩七錢五分，共計八兩也。雖然如此，但爻銖不明，火候不眞，雖則大概相就，彼此情意不洽，安得通靈而立丹基？又安能同庶母而合煉哉？必須眞師指授，方可下手。得者愼勿輕洩可也。

蒲團子按 本篇所謂金蓮經，指三種金蓮，又名三種金蓮圖；地元眞訣，指地元正道，又名地元正道圖。二書作者署名均爲張三丰。

附古仙詠眞鉛眞汞眞土七律三首

眞鉛

劈破鴻濛號太玄，始知天一水居先。五行運用隨車轉，元氣周流賴斡旋。陰裏含陽爲聖母，黑中取白號先天。學人窮得眞鉛處，問甚先天與後天。

眞汞

飛雲走霧號青龍，產在離宮與父同。位建東方甲乙木，身居南域丙丁宮。將鉛配合形神妙，見火須知色相空。七返九還爲玉液，此時何慮不成功。

眞土

先天稟令我爲尊，體化黄丹返至眞。位列五方元始祖，包含萬象道之靈。形虚體實硫黄汁，陽魂陰魄坎離根。得此仙方稱妙訣，何須四海向人論。

此三律乃古仙之原文，故附錄之。其詞雖簡，其旨甚奥，句句皆爲眞訣，細思而自得也。

附玉田别韻七絶二十一首

絶品丹頭妙入神，黄芽只在坎中尋。眞鉛我盜先天炁，怎敢胡爲亂煉成。

姹女南宫脱紫衣，洞房春意少人知。青娥素性多搔癢，只用金郎妙劑醫。

説個方兒敢易施，智人一見便相知。水中素有金公子，能伏青龍不敢飛。

姹女幽情托杳茫，天臺雲鎖盼仙郎。有時得遂紗幮願，一點春心不亂狂。

多年苦節總甜甘，方感眞人授我言。一味水金爲至藥，紅鉛點化作靈丹。

靈丹妙訣實超凡，必借仙人口內傳。陰裏含陽爲聖母，黑中取白號眞鉛。

木載金浮造大丹，日紅月白號先天。無中生有眞玄妙，採得金花朶朶鮮。

任爾猜疑這水鉛，眞人潛跡隱深淵。青娥若肯心相戀，指日離宮卦復乾。

取坎塡離煉九還，仙人巧妙十分玄。當時指出方兒巧，火裏分明去種蓮。

妙在紅鉛種黑鉛，娥眉景象月初三。水中採得金八兩，好向池中煉大還。

煉就華池水不乾，外丹妙用内丹全。今朝二物來相會，結就連環兩個圈。

兔髓烏肝一鼎栽，逼宗認祖育神胎。須憑戊己爲媒娉，自有黃芽火裏開。

汞虎鉛龍煉炁神，黃芽昨夜一枝春。刀圭結就如何用，伏火丹砂死水鉛。

薰蒸欲奪氣先天，數數頻頻土釜虔。子母相連既濟後，嬰兒姹女兩團圓。

道道成功妙且玄，眞人往來洞中天。瑶池宴罷醺醺醉，從此歸來萬萬年。

毫髮差殊不作丹，只因錯認黑鉛鉛。黑中有個眞鉛體，黑白分明隱在淵。

識得鉛中先後天，黃黃白白色鮮妍。這些道理人皆會，便是桃源洞裏仙。

黑白分明要口傳，些兒造化妙通玄。玄中有點眞消息，不遇知音莫亂言。

勞神役志煉金丹，苦盡甘來非等閒。惟願天涯人有福，功成同作大羅仙。

只用紅鉛種黑鉛，分明火裏產金蓮。初開綠葉君知否，好向其中煉九還。

願同我輩共何妨，第一人心合上蒼。若是只圖誆到手，縱然成後也遭殃。

夢醒錄

西湖髯癡道人赤文子　著
唐昌仙舟李保乾　批

寥醒錄序摘錦

幸遇吾師赤文子，洪恩夙契，爲指厥迷，始知四象分宗，五行逆用。種金於鉛，必木火叩户，方凝祖炁；煉鉛於母，必金水同器，乃退陰符。北與南交，當知去取；南從北制，始立根基。養嬰乳哺，莫忘庶母之劬勞；插骨脱胎，休棄骷髏之拙體。瓜瓞分枝，號爲轉制；金水交接，名曰傳神。金木間隔於東西，節節仗黄婆之作合；震兑互相爲子母，翻翻邀白虎之奇功。漸辭凡而入聖，自得清眞；必陰盡而陽純，方堪點化。此其梗概也。

吾師赤文子，憐憫後學謬惑多端，以其親驗眞訣，編成一書，名曰寥醒錄。首明内外同符，繼辨金鉛異旨，然後以五行丹著藥物之味，十全戊己湯表二土之方。授以寶訣，跪而讀之，條分縷晰，不蔓不支。雖丹籍充棟，無此簡直洞徹者。推仁慈之志，敬付剞劂，冀以廣宣教旨，接引末流。好玄之士，但能披誦其文，循譯其義，歲月既久，明悟自生，而彼方術異流，亦當杜絶邪説，引歸正路，庶不致自誤以誤人，以企予之願望焉。

李保乾摘錦

寤醒錄

西湖髯癡道人赤文子　著　唐昌仙舟李保乾　批

寤醒歌

金丹玄妙鉛中覔，不識鉛花砂不結。世人奸巧逞聰明，所以難逢眞口訣。髯癡修煉廿三年，歷盡艱辛無可說。妻子嫌，親友褻，無限淒涼誰憐恤。捉襟露肘若癡呆，寒暑不知冷與熱。遍訪明師望指迷，相逢盡是斂財賊。蒼天憐我道心堅，得遇眞師授口訣。煉眞鉛，要眞訣，庚者黃兮辛者白。金木交煉定浮沉，鉛若靈時剛似鐵。一是先天二後天，捨丁用丙眞奇絕。晥珠性烈最難擒，惟有壬水將火滅。三十六時火功勤，五行四象不可缺。坎離震兑卦象全，生尅制化明順逆。莫道天晥容易成，眞土眞鉛用其脈。世上多少煉丹人，盡是搖唇與鼓舌。一逢此輩易相投，搬弄癸甲爲計策。及至臨爐下手時，遍覔鉛礦昧山澤。賣田園，供丹客，爐鼎火養無休歇。逢冬過夏不知年，癡心妄想開銅鐵。盲師一去杳無踪，丹貲費盡皆拋撇。煉金丹，有口訣，萬卷丹經要透徹。只因學者懶看書，誰肯埋頭耗心血。内外丹，無迥別，坎離顛倒天然穴。黃婆作主鎮中宮，陰陽消長按圓缺。

及時子午妙心傳，月之圓兮存口訣。玄關一竅正當中，乾坤奇耦無偏僻。順去逆來有機關，害裏生恩須明白。汞能乾，砂卽滅，汞乾砂死丹必結。內外一理水中金，癸盡壬眞陰水絕。不尋這個立根基，昧了藥源徒自拙。妄造幾句醉狂歌，再莫輕信遊方客。不識五行顚倒顚，收拾池爐忙早歇。

內外分辨論

夫內外丹者，蓋難言之矣。近世人心之多機，道念之不篤，是以學者無成，而傳者絕響。有志之士，博覽丹經，吟詠玄妙，以冀終身之一得。而丹籍仙書，汗牛充棟，講理者多，而留訣者少。雖聖師闡教敷揚，備細詳說，實欲學人領悟，修煉成眞。孰不知，名愈多而事愈繁，書愈廣而道愈晦。況又飾詞隱語，目眩心迷，使學者輒生望洋之歎。在道一生，不得其門而入者，多矣。間有入門而未能登堂者，有登堂而未能入室者，不免有攙前越後之差，首顚尾倒之亂。然金丹大道，至簡至易，無扭揑，無繁難，無深奧，無巧妙。夫藥物銀鉛砂汞，卦爻坎離震兌，時候子午卯酉，以五行金木水火土，以四象龍虎龜雀，明陰陽之順逆，配合之均平，採取之老嫩，清濁之浮沉，火候之寒煖，藥物之主賓，縱愚夫孺子，得訣而能行。

今之談外丹而言母者，曰非凡母也。起首便欲清眞，望開點之速效，盡屬隔鞋搔癢耳。訣曰：「先取白金爲鼎器，次將烏兔藥來烹。」此非母氣而何？談內丹不言陰陽者，亦非也。開口惟講清靜，便欲形神俱妙，皆爲捕風捉影耳。訣曰：「勸君窮取生身處，返本還原大藥王。」此非鼎器而何？然外丹卽內丹之印證也，而內丹卽外丹之比較也。以紅銅黑鐵點靈藥而成白金，以殘軀漏體得丹砂而能沖舉。若外丹惟煉一味凡鉛可以點化，則內丹亦可以靜功而步太虛也，又何必「乾坤交姤罷，一點落黃庭」乎？外丹伏火於金胎，內丹凝神於氣血，配合得宜，何患金丹之不結、大藥之不成也！

觀其呼吸之炁，固非先天之炁也，然必由乎呼吸之氣積累，而後眞一者動；交感之精，固非先天之精也，然必由乎交感之精積累，而後眞一者生。蓋乾父之炁曰砂中金，坤母之精曰水中銀，庚辛表裏，互相孕育，基址立焉。然砂汞虛靈，必賴乎父精母血，交結而成胎，胎而育，育而乳，乳至氣足神全，而白金之體漸漸消磨，而眞汞之體漸漸凝結，純是一味乾水銀，則點化之功立見矣。學者但知其死砂死汞之繁難，獨不知其死銀死鉛之不易耳。若要死汞，先須死砂；若要死砂，先須死銀；若要死銀，先須死鉛。獨死銀死鉛之秘，人不得而知之者矣。

水不死何以尅金？金不死何以成戊土？且銀鉛砂汞，皆屬凡體，生者必制其死，死者必煉其靈，然後超凡入聖，漸入佳境耳。且五行生尅制化，昭然可見。如水逢木死，而震木尅子中之坎水；　金逢水死，而坎水尅酉中之兑金；　火逢金死，而兑金尅午中之離火；　木逢火死，而離火尅卯中之震木。此顛倒陰陽、逆施造化。金爲木之夫，木爲金之妻，金木間隔於東西，賴勾陳之作合，騰蛇之傳逆，得坤土而和睦。訣曰：「鉛汞兩般爲大藥，若無戊己必難成。」眞土之功，是以爲主。

取坎填離之法，將何物填於離腹之中而得實？流戊就己之玄，又將何物以流戊而就己？若曰先天一炁，汞乃先天飛騰之物，砂乃後天難住之體，二者見水解化，却將何物以爲丹之基耶？學者臨爐，先要洞明戊己土耳。有曲江詞云：「乾汞全憑己土，若無戊土難成。戊土先死己方靈，死戊憑何作用？制戊方能死己，天晄轉制其中。若能會得死晄功，方把硃砂搬弄。」究竟戊土活者是何物色？而死者是何形狀？訣曰：「鉛池種母非煉母，將母配鉛成戊土。煉得鉛枯氣自生，須將此理從頭悟。」

戊土者，壬水得眞火而成戊；己土者，硃砂得金精而成己。戊己會其神而成眞土。蓋汞出於砂，而木藏於火，必感乎眞鉛之炁而成其形，必配乎乾金之火而凝其質，是所謂眞汞也。訣曰：「這個戊，這個己，二土成圭藥無比。」捨此二土之外，更將何物以爲養砂乾汞之聖藥也？

仙舟批云　大丹起首，只用水火。在水火中造出先天白金，方爲有一。此訣不知，任爾百般作爲，皆是虛妄。不明理者，舉火便要死砂。語之先以死鉛，世人笑以爲迂。嗚呼！鉛不死，而要死砂，是無父而望生子也，不亦可嗤之甚哉！金火燈云：「水土旺而金死，金死則金常存而生矣；火土旺而木死，木死則木常存而生矣；木旺而水土死，水土死則水土常存而生矣；金旺而火土死，火土死則火土常存而生矣。此所謂『害裏生恩』者也。」後之學者，知此數語，則金丹指日可成矣。

玄關論

如內玄關一竅，曰非心、非腎、非泥丸、非丹田、非玄門氣海、非兩腎中間一穴、非臍下一寸三分，就身中求之則非也，離身中求之亦非也。說到此處，指東話西，畢竟無一著落。然則果何處耶？訣曰：「只爲丹經無口訣，教君何處結靈丹？」

然關之一竅，生死決焉。南北交界而爲關，彼亦可以來，我亦可以往，名之爲關，關中有竅，呼吸相應，感而遂通。得此竅者生，昧此竅者死。訣曰：「此竅非凡竅，乾坤共合成。名爲神氣穴，內有坎離精。」蓋此竅是總持之門，萬法之都，眞可以奪神功，改天命，干設最大，係人生死關頭，未有此身，先有此竅矣。呂祖云：「父母未生前，與母炁相連。

十月胎在腹，能動不能言。晝夜母呼吸，往來通我玄。」此卽是安身立命之鄉，何思何慮之天，不識不知之地。凡是性命，無有不從此竅而生、此關而去。訣曰：「玄牝玄牝眞玄牝，不在心兮不在腎。窮取生身受炁初，莫怪天機都洩盡。」

《易》曰：「天地絪縕，萬物化醇。男女姤精，萬物化生。」天地以陰陽交感而生物，丹法以陰陽交姤而生藥。然訣之至密者，妙於吸此一點先天未判之炁、乾陽至眞之精，復我元神常明之本體、歸根復命之神機也。知乎性命本乎眞土竅中，此卽是產藥之川源、爐鼎之橐籥、火候之抽添、結胎之炁穴，而玄關一竅生其中矣。所謂：「火逼金行顚倒轉，自然鼎內大丹凝。恍惚之中行火候，杳冥之內覓眞鉛。」人元之秘，盡於此矣。蓋內外雙關，總一理耳。知內而不知外，何以結刀圭？知外而不知內，何以結聖胎？

今之在道門者，不得眞師口訣，昧於生尅制化，一見方流邪說，惟圖淺近速效之報，反遭耗財傾家之患。下手臨爐，舉而必敗。愈究愈茫，彌趨彌遠，徒供醒眼悲笑耳。不知眞人欲延道脈，而使有緣得遇，則慈悲接引，斷不貪戀世財。達者欲結道侶，而依勢力之家，同登彼岸，若得其眞傳，如空谷之應聲耳。

僕歷訪有年，未曾稍懈，半生昏夢，纔覺醒然。今備以五行丹、十全戊己湯，以金水爲引，聊供玄門之用，庶不爲方士雜藥所誤，則亦少補於丹道之一助，爲昏夢之一蹴云爾。

金水引論

丹之正宗，煉金液而服食。次曰點化，養砂汞以成金。若曰點化靈藥不可服食者，此不知道也。訣曰：「無質生質是還丹，凡砂凡汞莫勞弄。」又曰：「水銀便是長生藥，不是凡間水銀作。」周青霞曰：「今之煉丹，擬效長生。不識靈丹之妙旨，妄將硃砂水銀養煉九轉，便思服食，何謬妄之甚矣。下根淺識之流，豈知所以然也？」訣曰：「若明藥物，全家歸眞。若昧藥源，一身難存。」又曰：「人服死水銀，保命得長生。」死水銀者，乃神水華池先天眞水銀也，虛無之炁結成者也，非是凡世硃砂、水銀所爲也。「水銀原來非是汞，莫把硃砂頻試弄。千言只是覓黃芽，黃芽實死方可用。」黃芽者，服食之根基，長生之至寶。水火抽添，而黃芽滿鼎，此芽能輕能浮、能沉能滯，謂之黃輿，又名神藥。形質既分，清濁見寶，煉至九轉，方成聖藥，神炁充足，始堪妙用。訣曰：「服得金砂作地仙，其砂欲仗在眞鉛。」契曰：「金砂入五內，霧散如風雨。薰蒸達四肢，顏色悅澤美。」流通百脈，灌漑三田，祛一身百竅之陰邪，滌五臟六腑之濁穢，服之不寒不燥，得之難說難言，先天虛空一炁之所成就者如此，故曰「煉之服之百日餘，身既無陰那得死」。久服住世延年，爲陸地悠悠之仙客，作逍遥世外之眞人。此地元服食之大畧也。至於點化丹頭，必以庚辛爲父母，砂汞爲子孫，妄以三黃八石草木灰霜，欲求丹就，眞麟角龜毛之異也。

太上云：「金化金兮銀化銀，何曾別有外神靈。」卽如枯鉛凡母之作用，諸仙疊云，丹經燦然，橫說豎說，雙關二意之言，誤盡古今多少丹客，畢竟無一清白之解。有論枯鉛忌用者，鉛汞歌曰「堪笑世人愚太甚，枯鉛頑體認先天」，琴火重光云「枯鉛端的要鉛枯，不會枯鉛莫强圖」。有論凡母忌用者，鉛汞歌曰「若還水銀賴母死，必竟頑陰濁似泥」，黃白直指云「聖胎結處全憑母，大藥成時不離鉛」。二說相反，以致學者反復之疑，妄舉之敗，良可歎也。

太上云：「水銀一味分爲二，煉成黃白爲鼎器。」夫天地開闢之始，爲萬物發生之父者，壬水也；成之最先，舉天下之至堅者，庚金也。經百煉而愈剛，歷萬刦而不壞，以壬水爲配，陰陽交感，水火薰蒸，則形以氣化而成至藥矣。坤地水中之眞金者，辛金也，爲萬物育形之母，成之最後。辛金者，乃坤母之剛水。而鉛中有壬癸之柔水以濟之，所謂「魂魄得相依，性情若呼吸。金水互相生，金潤生黃液。金得水愈滋，水得金益旺」。母子情深，抱持堅固，此金水還原之秘訣也。今人棄金而用銀，是有母而無父也。天下豈有無父之人哉？

訣云：「煉士誰將眞父尋，向人只說水中金。水中金，只一味，一味偏枯丹豈濟。爾若眞實求丹成，須仗兩弦龍虎氣。」兩弦者，是水有壬癸之分，金有庚辛之別。剛柔表裏，正二八兩弦之妙用；中男中女，配奇耦之相當。枯鉛者，枯去鉛中之癸水。鉛枯者，煉死鉛中之辛金。不明金水尅制之理、互換抽添之法，何以立還丹之基乎！

訣曰：「採得眞金果是眞，奇形異狀世間稀。母氣得此妙通靈，砂汞借氣不借形。」然體氣之用，不可不察焉。體氣者，金銀也。或用其銀而不用其金，或用其氣而不用其體。蓋有氣無體，不足以產大丹。純取靈氣而無靈體以載，安能受爐冶之熔煅哉！

且鼎器與庶母，一物而兩其用，是以當言鼎器而不言鼎器者，當言母炁而不言母炁者，以用功之言而作結局之事，萬無一成也。鼎器者，結胎之樞紐也；庶母者，育形之妙用也。攢五行於坤母之内，持陰陽於二五之中，故神炁得之而藏，土釜得之而潤，砂汞得之而結。若非此金胎土釜，種子何能孕焉！蓋金之所以爲精也，水之所以爲氣也，火之所以爲神也，三公相須，結而爲皝，是以活潑潑之皝珠未有不堅其形者，赫赤赤之丹砂未有不改其色者。訣曰：「神室悟來皆不醒，獨將庶母强呼名。」

千古仙師之秘訣，無非以金水爲源流，戊己爲要藥。白金不產自黑鉛，何由其來也？訣曰：「黑金白金一脈生，華池神水眞鉛露。」又曰：「白金卽是水銀胎，返本還源水銀制。」蓋庶母之超凡，必假乎庚金而疊煉；金體之堅剛，豈外乎壬水而烹煎。

訣曰：「只因用母要通靈，故向鉛中取金液。這個金液不是鉛，鉛中秉受有先天。若人會得先天妙，方把銀鉛池内煎。」要知煉母煉鉛，原非二事，分胎既定，方配後天。學者徒知鉛汞交結而爲丹，不明金火混融尅制而成土。

庚金者，父炁也；辛金者，母炁也。若孤陽而懷胎，豈父道所能生育者乎？若修煉一味枯鉛或庚金以作用，而硃砂必不結胎。「若將砂汞抱枯鉛，惹得神仙開口笑。」惟用辛金以作用，而水銀必不堅剛。「若還砂汞賴母死，何時養得嬰兒成？」「黄金硃砂父，白金水銀母。多少煉丹人，不解眞二五。」枯鉛銀母之用，復何疑焉！

是書之敘，簡而且詳，學者當尋流而知源，捨妄以成眞。儻果矢志慕玄，當存積德累功，苦心潛詠先聖之遺篇，誠虔返覆，虛心參訪物外之高隱，眞誠感格，至道可求。更宜潛心滌慮，革故鼎新，不致獲罪於天，貽羞於道，則予有厚望焉。

太玄坎北歌

子水家居正北方，卦排坎位一中藏。杳冥玄武先天氣，太極虛無陰裏陽。陰裏陽，黑茫茫，無踪無跡隱大荒。全憑水火牢相引，誘出中男離水鄉。離水鄉，體未强，質濁形頑性不良。能知去癸存壬訣，表裏庚辛白與黃。白與黃，配相當，壬癸熬煎柔與剛。子母相含爲竅妙，陽關三疊滿金鄉。滿金鄉，庶母娘，五行顛倒更參詳。木尅坎中之子水頂批　震木尅子中之坎水，子水死於卯木，先天黑汞化金漿。化金漿，藥非常，華池神水妙中藏。凝如琥珀膏脂液，唤醒人間癡與盲。癡與盲，莫宣揚，清濁分開作兩行。濁點五金成至寶，清是仙家不老糧。

太初離南歌

午火南方號丙丁，名爲朱雀太陽精。卦分離位成中女，木性生炎火内存。火内存，藏丙丁，須要玄龜制赤禽。皖珠一味先天火，送入虚危聯好音。聯好音，匹配成，匹配調匀戊己精。刀圭結就離和坎，分明鉛汞水銀停。水銀停，不用丁，捨丁用丙土方靈。流南就北眞消息，火能尅木頂批　甲木死於午火要分明。要分明，逆五行，木爲火母古今聞。火逢金死頂批　丙火死於酉金眞顛倒，金尅離中午與賓頂批　兑金尅午中之離火。午與賓，配辛金，不明金火道難成。順去逆來成火候，離宫姹女最通靈。最通靈，藥清眞，自古還丹土產金。靈芽伏火眞仙訣，何勞天外覓知音。

太始震東歌

卯木東方稱震龍，卦居震位一陽通。蒼蒼甲乙無根樹，青汞深藏赤土中。位居東，姹女同，胎本一宮有雌雄。固結難分含己土，乾陽坤陰化木鎔。化木鎔，己土功，相邀青帝出震宮。龍成虎體名關度，虎氣消磨卽化功。卽化功，在祝融，火母中懷甲乙龍。性流曲直難擒伏，相感乾陽力量雄。力量雄，要心通，登堂入室漸從容。木逢水死爲逆局，離火煙消卯木紅頂批 卯木死於午火。卯木紅，火相攻頂批 離火剋卯中之震木，金木東西間隔中。虎龍凝質成靈藥，八石逢之變化銀。變化銀，覔根宗，乳哺成銀煥素容。從此仙凡分逈別，釀成白雪顯神通。

太素兑西歌

白金位列在西方，兑卦排來缺一場。坤宮金池養丹母，炁屬後天體質剛。體質剛，細推詳，仙師假此煉金漿。水銀一味分爲二，弦前弦後無短長。無短長，作中黃，少女妖嬈窈窕娘。嫁與金郎成配偶，綢繆交會度陽關。度陽關，復元陽，百煉千磨力盡藏。翻翻覆覆多勤苦，煉己消磨作藥王。作藥王，不須忙，端然有個正妻房。投胎奪舍能機巧，弄假成眞一樣看。一樣看，養兒郎，妻房相和一室藏。同胎兩個雙生子，乳哺成人易乳娘。易乳娘，話偏長，金逢水死有誰詳。坎水能尅兑金命**頂批** 兑金死於子水，坎水尅酉中之兑金，此爲顛倒陰陽、逆施造化，謂之「害裏生恩」者也，須念坤方是故鄉。是故鄉，吐陽光，刑德門中肅殺場。自古神仙從此出，多少臨爐不識娘。

太極中央歌

四庫從來無定方，坤分六陰位中央。古今多少賢肖子，不解純陰復卦陽。復卦陽，旺四方，東西南北五行藏。攢成二土爲綱領，結就刀圭作汞筐。作汞筐，金火場，二女相從一坎郎。華池宴罷同歸竅，坤變乾爻體質剛。體質剛，戊己良，將金伏火**頂批** 丙火死於酉金別無方。流珠却是先天火，性烈猖狂孰敢當。孰敢當，力量强，白虎西來索戰場。二獸相爭誰肯伏，化成一塊紫金霜。紫金霜，藥乾陽，三五團成一粒煎。太極已含天地髓，坎離交姤結還丹。結還丹，口訣難，火煅金珠須度關。不教戊土先來死，爭得離龍己土亡。己土亡，妙仙方，認得離南是本鄉。黃婆煉就中央土，種下青苗便勝秧。

金丹口訣

仙家丹法古今同，誰識眞傳下手功。令爾道心堅似鐵，天機洩在此篇中。此篇中，窮戊己，俱在坎離身上取。坎離身內炁和精，虛無非質假成眞。良無頭來是艮丙，釜無耳兮戊己情。戊己情，水中金，不是凡砂及水銀。好把斯言仔細論，又云壬癸水之精。若還識得爲戊己，壬癸之精不是砂，乃是水銀眞一炁。水銀一味變爲二，煉黃煉白爲鼎器。參透分胎火候功，混元池內分春絮。這個竅妙有玄機，金霞紫霧騰騰起。金丹至簡並至易，只將黃白求匹配，歸根同入鳳凰窩。鳳凰窩，水火結，一團混沌難分別。要定浮沉分兩儀，混元池內火光烈。此是玄元眞太陽，變化無窮金電掣。煉士誰將眞汞尋，神仙隱下這個理，向人只說水中金。水中金，只一味，一味偏枯丹豈濟。爾欲眞實求丹成，須仗兩弦龍虎氣。龍虎氣，眞戊己，誰識硃砂離內取。烈火炎炎燒鼎紅，金波飛入滄浪裏。這樣流珠認不眞，休言眞父眞種子。眞種子，浮黎土，立鼎安爐休糊做。裏面風雷不住停，七十文爻三十武。三百六十度無差，層層樓閣飛雲霧。這個戊，這個己，二土成圭藥無比。凝結黄輿點五金，能使後天八石靈。八石靈，是眞己，不在水中金內取。實言戊己非天晥，本是乾金眞至理。神仙密訣不傳人，只借硃砂對人語。因此世人喜弄砂，不思八石非同類。

金烏鼎内産黄金，赫赫日紅飛萬里。此龍乃是赤龍精，騰騰躍入金龜裏。這個金龜即是母，配合流珠結玉菓。形體酥黄炁最靈，不比尋常凡父母。看在此際水火交，眞鉛眞汞池内燒。曉夜洞房恩愛足，兩弦眞氣透神霄。上不翻騰雲雨後，聖胎産出紫金苗。紫金苗，是大藥，點化全憑在此著。立乾凡汞制玄霜，開點銅鐵眞快樂。眞快樂，造化功，龍翔鳳瑞在鼎中。退皮毛，用筋骨，仍送金華池内住。煉成紫粉作丹頭，一粒能乾一觔汞。如此節節轉制去，神符白雪能延命。能延命，非孟浪，神室金胎雞子樣。以有攝無妙中玄，妙玄難書於紙上。灰池宜用不可缺，上釜象天下釜地。火昇水降神氣交，裏面包藏眞金炁。三五圓兮寸一分，口寬四八兩寸唇。身長尺二堅且厚，均匀剛結無折漏。古傳聖灰池無比，此是煉丹大基址。莫言神仙不肯傳，歸根復命都在此。都在此，外火同，三百六十周天輪。中間文爻首尾武，煅煉神爐上下紅。上下紅，眞奇妙，白金生在黑鉛竅。竅中産出眞水銀，所以神仙稱禄料。這是神符眞妙訣，光灼紅璃籠寶月。煉就黄輿一團酥，功成同赴黄金闕。

了易先資

李保乾 著
抱元子 註

了易先資自序

易者何？性命内丹也。資者何？黄白外丹也。欲了性命易道，非先得黄白資助不能也。洞天秘典云「欲求黄白爲丹本」，承志錄云「欲覔丹財爲道助」，皆求此外藥先資以了易道内修之意。但内藥有有龍虎鉛汞之喻，外藥亦有龍虎鉛汞之名；内事有築基煉己之功，外事亦有築基煉己之秘。非得眞師口授，必不知用如何藥物，當如何配合，如何採取，如何温養。一訣不明，終難成功。然傳授出於師口，理訣詳於丹書，非師無以指書中之訣，非書無以證眞師之傳。如平素不熟翫丹經，卽遇明師，又何從而辨其眞僞？況明師亦未有見人之貿貿無知而輕授以大丹眞訣者也。

余髫齡時卽慕斯道，雖修儒業，而文章之念總不敵鉛汞之思。累試燒煎，毫無成効。旁門小法，莫不嘗之。十數年罄竭囊空，人皆白眼。稍閒，卽翫丹書，手抄累帙。其中妙訣，總未了然。繼而遷居錦城。偶遊丞相祠堂，得遇張師，言下契合，遂齋戒盟神，跪求指授。將平日所讀丹書一一審問明辨，始知金木交併之機，丁壬會合之妙。火符藥物，豁然貫通。於此益信至道之無雙，更歎師恩之難報矣。

敦戕歲，遇舊友三復子，深明易道性命之旨，因無資助，未能入室下功，乞愚授以黃白之術，而轉以周易眞解相酬。愚因歎易道不可無資，爰將所受師訣序成一帙，名曰了易先資。雖大概只戊土、己土、養子三論，而一切死鉛死銀死砂死汞功夫，俱盡於是已。蓋丹道只重造土，土成而種金種銀無不宜焉。愚願世之同志者，不以愚論爲謬，而勵行積德，篤志潛修，同爲出塵之侶，幸甚。

唐昌仙舟李保乾自序

火候秘訣，務須察其藥之老嫩，再行火以轉煉。先用文以伏其性，後用武以絕其命。此爲至當不易之語。諺云：「火小再養，火大莫想。寧過其期，勿失之躁。」至若明鑪煎煉，但可行之於實死之丹，而不可行之於實死之藥。前哲俱未顯然，後人輕用明鑪而廢藥者，不可勝數也。

追魂者，追砂鉛之魂而入凡銀之内也。砂汞成胎，有魄無魂，猶嬰兒之在母腹時也。魂入於魄，則嬰兒產以收金火之氣；庶母乳新胎，則白寶方結。三收三乳，結者堅焉，堅者完焉，猶嬰兒之骨肉堅强，故曰插骨。

內丹先築基而後煉己，外丹先煉己而後築基。以水銀伏砂飛砂之性制成堅老聖材，謂之煉己；看火候而擯出白金，謂之築基。此金雖係汞寶，其實鉛金作主。認得半觔一餠，喚做水中金也。餠作鼎器，加鉛四觔煎之，以爲採金造晲之池，所謂「七十二數合金水同宮」之妙也。

敘

夫金丹之道，本於河圖，五行攢簇而成。天一，水鉛也；地二，火砂也；天三，木汞也；地四，金銀也。丹道始終作用，不外銀鉛砂汞四物而已。然金生於水中，銀鉛一物也；木生於火中，砂汞一物也。是四物終是二物。及鉛汞氣精交合之後，結而爲丹，能成粉，亦能成液，謂之眞鉛亦可，謂之眞汞亦可，是二物終只一物。經云：「識得一，萬事畢。」一者何？水中金也。然始終變化，全是汞龍，故曰「本是水銀一味，周流遍歷諸辰」。究之採得水中之金，卽死水銀也。戊土成，初死水銀也；己土成，次死水銀也；長子成，三死水銀也。及至乾汞開茆，無非用已死之水銀，死未死之水銀耳。經云「一生二」，是以戊土生己土也；「二生三」，是以己土生長男也；「三生萬物」，是長男成而九子立就，點化無窮也。戊土乃天一壬水化成，故曰「一」；己土乃地二丙火化成，故曰「二」；長子乃天三震木化成，故曰「三」。此書以三論而畢，殆準此意乎！

緒生平篤志玄學，亦知內事非外事無以成功，常從事於銀鉛砂汞之間，周旋於池鼎鑪竈之下。奈所遇盡皆盲目，千舉萬敗，徒費辛勤耳。後於錦城遇復初子先生授以了易先資，講明奧旨，始知藥物配合、火候抽添有妙訣焉。然而貲已竭矣，囊已空矣，愛我者莫助，笑我者良多，始歎未遇師時得法難，既遇師後得財尤難，內外兩道同一揆也。

門生羅光緒謹識

始之煉金而欲其隱者，所以防其出而養其體也；今之採花而待其現者，所以使之出而妙其用也。表裏互相爲用，庸夫俗子安知斯之妙乎？客辨曰：「既有白金八兩，則金花當取白金中，何故又投黑鉛四觔？既投黑鉛四觔，何故又投白金八兩？使鉛金混雜，是何異見？」答曰：「白金八兩，是鉛之精華；黑鉛四觔，是金之形質。故三十六觔黑鉛，方得半觔精氣而助精神合成二八之數。譬如煮肉於原汁之中，其原汁之味愈佳。若獨金而不用鉛，則金花散走，漸漸耗去，將何氣以補之耶？而使白金常在也？虎鈐經云：『二八佳人二八郎，巫山神女會襄王。這番雲雨交歡後，桂子蘭孫滿畫堂。』所謂佳人者，砂也；郎君者，鉛也；二八者，十六兩也，半觔砂投於半觔白金之內而爲二八矣。白金只八兩，何以云二八耶？乃四觔黑鉛之中，亦有半觔精氣而爲二八也。悟破此理，逆知白金黑鉛之妙用矣！」

外丹之變化，全在木汞，何以造白金、採庚金時要用水中金者，以其用其炁非用其形也。蓋火敗於木，故造藥時以水銀烹硫，養子時以水銀烹砂，皆所以去其垢而絕其焰也。故硫伏後以黃母煉陽，砂熟後以黃母乳哺，皆所以堅其形而足其神也。

了易先資全卷

李保乾　著　抱元子　註

河洛外丹論

竊意世之好丹砂、慕黃白者，亘古及今，無有不被其惑而爲方士所誤者。惟因其誤，遂謂天下無是道、無是事、決無是理，而不知授受之有眞，猶之因噎而廢食也。豈知地元大道，本於河、洛生成之理。河圖先有一六水而後有四九金，所謂金生於水也；先有二七火而後有三八木，所謂木生於火也。先天固，水中有金、火中有木也，明矣。欲求斯道，必先識水中金、火中木何以逆生順死，而後知生成之妙在殺中以求生。間有知者，只知爲水火交，而不知實爲金木交也。金木交後則震化爲兑，其象著矣。考河圖四象，生以金終。金不化土，不能產物。河圖五行，成以土畢。此皆逆生之道，與易理無二也。是故河圖言先天，而生數則以土畢。洛書言後天，示交會化土之妙：一與九對，合中五爲十五，是以壬水制丙火而成土也；三與七對，合中五爲十五，是以兑金煉震木而成土也；壬水生於坤二，丙火生於艮八，合中五爲十五，是以丙火煉壬水而成土也；金生於巽四，木生於乾六，合中五爲十五，是以金木交併而成土也。蓋洛書中宮用五不用十者，是戊土成而已土之法亦寓其中矣。至於養子之妙，亦不出此洛書生死交會之理也。其法詳註漁莊錄、秋日中天、承志錄等書。須知，先聖所以傳此法者，本爲易道之助，使先以地元資用煉心性而務内修，後以天元神功司造化而致位育，誠易道始終之要，非得眞師口訣、熟蓋丹經，決不能窺其奥也。若不知修德凝道，妄念營求，苟圖財利，是自干夫天怒，斷未有得此訣而能成此道者也。

大丹起手，只用水火。在水火中造出先天炁結之白金，方爲有一。一爲祖，又爲父，又稱萬物之母。經云：「識得一，萬事畢。」以萬事莫不從一而始也。故投砂於鉛，則黑脱其袍，白昇於上，謂之抽坎，而有先天之一矣，是爲死鉛。以此鉛死砂中之巟，謂之塡離，而「一生二」矣。以此巟死砵裏之汞，而「二生三」矣。汞死則點銅開缺、脱皂縮貨，無所不可，所謂「三生萬物無休息」也。學者只知死砂死汞之繁難，而不知死銀死鉛之非易。若要死汞，先須死砂；若要死砂，先須死銀；若要死銀，先須死鉛。獨死銀死鉛，知之者鮮耳。以白金爲鼎器，則曰神水；以黑鉛爲池物，則曰華池：故曰神水入華池矣。神水卽壬水，不入灰池，怎定浮沉？又曰鉛中之鉛號曰死水銀，不是人間凡水銀也。

元時華山火龍仙師傳道於三丰祖師，而並授以丹法助道濟貧，賴以有成。但世少眞傳，往往耗火亡財，令人廢時失業，故仙眞亦不輕言。兹以地元、人元兩者必須並行，聊發端於此，以俟好道者之參求。

河圖

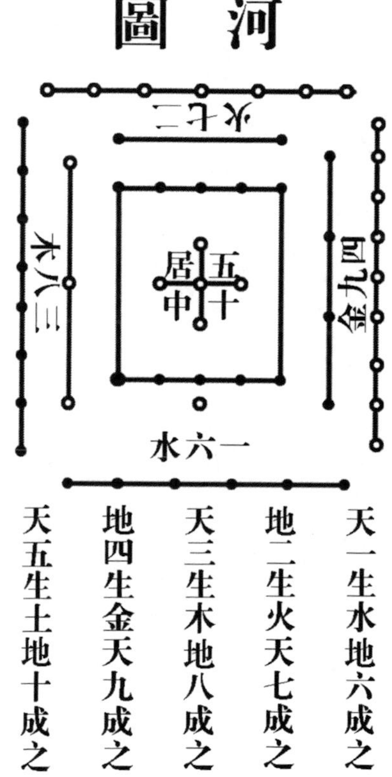

天一生水地六成之
地二生火天七成之
天三生木地八成之
地四生金天九成之
天五生土地十成之

洛書

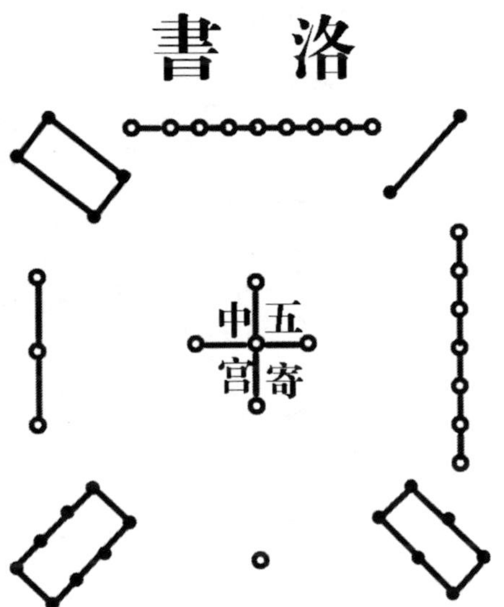

戴九履一
左三右七
二四爲肩
六八爲足
又一白二黑
三碧四綠五
黃六白七赤
八白九紫

河圖洛書說

洛書契干支，按生尅，作丹之理也。然土固四象之所成，而四象又非土不成。一連中五則成水，二連中五則成火，三連中五則成木，四連中五則成金，水、火、木、金皆土之所成也。然洛書序雖相尅，而對待則相生：北一南九合中五而成十五，金水合處而成土也；東三西七合中五而成十五，木火爲侶而成土也；東南四西北六合中五而成十五，巳中生庚金、亥中生甲木，金伐木榮而成土也；東北八西南二合中五而成十五，寅中生丙火、申中生壬水，水火既濟而生土也。水仍居北，木仍居東，惟金火互易其位，熒惑守西方，能交結而產陽鉛；金居火位，方能變化而制陰汞。正作丹之妙也。

河圖生數均在內，成數均在外，故外丹以砂汞配陰陽，內丹以妙鼎配陰陽也。

鑪火大旨

鑪火之道，至顯至微，至易至難，至神至妙。所謂至顯者，五行生尅，人人皆知，日月交光，人人共見，眞人準此道以修丹，其理甚顯也。所謂至微者，鉛汞之交在神氣，龍虎之媾在須臾，可見而不可見，差誤卽難成丹，其機甚微也。何謂至易？只用砂鉛二物，不須步斗躡罡，百日土可成，年餘子可就，雖愚夫愚婦，可以與知與能，何其易也！至難者何？倘法訣不清，藥物不眞，配合不當，火候不明，千燒千敗，尤必須積德立功，神天默佑，方許有成，何其難也！至若以上品之輕清服食，可以起死回生，超凡入聖，以下品之重濁點化，可以脱皂縮貨，弄假成眞，其神妙爲奚似乎！

然其功夫大旨，只是煉鉛死砂而已。鉛乃月魄，天地之眞水也；砂乃日魂，天地之眞火也。借人間凡水火烹煉眞水火而爲靈丹，故能變化五金八石而成世寶。但水有壬癸之分，火有丙丁之别，必先去癸存壬，覓得壬水，捨丙用丁，覓得丁火，然後以八兩壬水配半觔丁火，而追取金花。初將神水造成戊土，次將神水造成己土，有神水神火而神藥在是矣。經云：「黑金煉出白金，白金煉出黄金。」又曰：「乾黄坤體白，黄白藥無比。」故曰：「煉黄白，至於陰陽池、水火鼎，俱有妙用；明鑪煉，灰缸養，皆要防危。」此丹道之大旨也。

學者必深明乎易象之精微，而後知此道之非妄；必洞曉乎河、洛之理數，而後信此道之非誣。必其根器不凡，修德動天，而後可遇眞師，得聞此道，始冀有成。自古仙師假此道爲内修之助，丹經子書彰彰可考，非浪傳也。今人所少見而多所怪，非指此道爲荒謬，即詫此道爲神奇。間有深信此道而未得眞傳、未明經旨、未能修善合天，只知貪財愛寶，盲燒瞎煉，有損無益。甚有誤信奸邪誆騙，圖速效而務旁門，以致蕩產傾家，閭里垂爲鑒戒，親朋引作笑談。嗚呼！此豈道之誤人哉！人自昧道耳。

吾願有志者多看丹經，字字細翫，不可忽畧模糊認過，徒識書名而已。更要虛心咨訪，不可因看過幾卷書，聽方士幾句話，遂自以爲道在是、訣在是，而不屑求人也。惟理究其確然，訣求其了然，工夫盡其當然，成敗聽其自然，志毋頹然，事毋慢然，自有天然妙合而成丹之候也。

抱元子曰 丹道先貴認鉛，審其有氣無氣。市賣之凡鉛，皆無氣，不堪用。即出山鉛，亦要看其氣之輕重。鉛中精氣愈重愈妙。金火燈云：「最上山澤，其中半金半水，三池採煉，便立丹基。」然此不易得也。其氣之輕者，乙觔水中或一兩，或數錢，亦可攢簇而用之。大旨云：「去癸存壬，覓得壬水。」黃白鏡云：「雖用鉛中壬水，不可取出水來。」詞若相殊，理惟互發。蓋壬藏癸中，若不煉去癸水，使壬水出見，將來用何物與丁交？但去癸之時，又要存癸以保壬。故云「不可取出水來」。天台老人云「煉金而欲其隱」是也。詩云：「鴻濛氣到金將出，又要將金水裏埋。先入可用不可見，一觔二兩是眞材。」攢鉛之訣，盡於此矣。今有人將凡鉛炒成粉養之，謂之去癸留壬，眞是無知妄作。

丹道次要認砂。有陰砂，有陽砂。陰砂卽嫩砂、土鑾頭等，皆不堪用。惟陽砂鮮明似火，顆如箭頭榴子，內丁外丙，分明可愛。大旨云：「捨丙用丁，覓得丁火。」若不捨用分明，採金時豈不丙丁混雜乎？但砂中丁火，性極飛揚。丙與丁本一物相依，其何以使丙火去而丁火獨存哉？黃白鏡云：「雖用砂中丁火，不可取出火來。」卽此一訣，概世少知。今人有用鉛鑛末養砂謂之煉丁，殊爲妄作。朱凝伯云：「內丹先築基而後煉己，外丹先煉己而後築基。」詩云：「下手先求煉己方，仙姝欲脫紫衣裳。渾身都被龍涎浸，水火窩中悶一場。」此訣實余師所不肯洩於人者，余註其書而洩之，無非代師闡揚道妙之意。且大旨云：「八兩壬水配半觔丁火。」固是正配要訣，但火能尅金，火氣漸盛，水氣漸消，九池叠煉，安能使八兩壬水長在耶？承志錄云：「六十四兩鉛用四九之機，七十二數合金水同宮之妙。」曰「機」曰「妙」，可見不是一個死數也。然亦有個自然之定數焉。不經師傳，終難猜度。

金火燈云：「特慮砂汞不先成寶，則諸事俱屬虛花。一成寶，而開點可以計日而待矣。」點化者，不過使現成之物變色換形耳。較之無中生有，孰難孰易？古云：「大丹只怕頭難倒，倒得頭來萬化生。」論作法云：「只怕不清眞，不怕不開點。」而有何驚何疑也哉！砂汞成眞，燒試無煙，非見母不能堅白，總以母分鼇不折砂汞方爲眞死。若母不酥黃，乳哺無用，求其不盜母而能轉接者，未之有也。

造白金鼎器，全仗眞水陽精制死砂汞癸水，不過假此以運動河車耳。水斷則木不運，火斷則水不乾。運出此金，須憑眞火。而乾金自現，名爲枯鉛，實乃剛鉛也。

仙師隱秘之玄機，全在配合。配合不知，則陰陽有偏勝之患，而氣精無交感之妙矣。金火歌云：「四觔黑鉛水，八兩汞銀配。四九三十六，方得半觔氣。」古歌云：「一觔水銀十七兩，多餘一兩是金精。」蓋鑪中鉛一兩，火內汞三銖，乃丹道一定之配合，非謂一池之中卽入八兩汞砂也。若砂汞氣結，以八兩投四觔，則陽強陰弱，必致水枯靈散，而胎元不結矣。分銖定兩，全在眞師之口授。後學之心虛，非可意想臆度而得。余雖婆心，未敢悉爲陳敷也。夫七十二數而上弦之氣全，百四十有四而金水之功備，二百一十有六而兩弦之炁足，兩弦炁足，戊己功完，金火之能事畢矣。

水銀活則爲木汞，死則爲白金，古聖仙師明明說出。既知白金，鉛眞汞自親，何慮二土不就？然而結胎樞紐，全在華池。眞鉛賴以接胎而絕命，然其眞汞賴以化土、長子賴以傳靈也。

煉丹之士，必須洞明河、洛生成之理。以河圖而言，北方之一非東方之三不立，水逢卯死，故用木火入鉛，從有入無而姤出水中之金也；西方之四非北方之一不靈，金逢子死，故用神水久煉，得先天炁纔可乳成胎之汞也；東方之三非南方之二不成，木逢午死，故用離火化土以尅汞中癸水而汞結成形也；南方之二非西方之四不堅，火逢酉死，故用兌金採先天而使龍變虎體。則五行生尅制化，先天作用與後天迴不相侔，知之者鮮矣。

煉丹之初，先要死鉛，鉛死於卯，得木而金浮；次要死銀，銀死於子，得水而陽立；砂死於酉，得金而晥伏；汞死於午，得火而神凝。死砂死汞，固屬難圖，死銀死鉛，尤非易事。火逢金死、木逢火死尚有人知，金逢水死、水逢木死有誰能識？詎知水不死無以成金，金不死難云鼎器，四象皆凡體耳。生者必制其死，死者必煉其靈，自然超凡成聖而造化在手也。

凡我同志之士，須要知夫天硫。而天硫實非砂皮石殼，乃黑鉛之中一點先天眞乙之氣也。此氣鉛中本無，只因砂鉛一交之間，砂中一點神火流落黑鉛之内，結成一粒黍米之珠，此卽謂之天硫也。若能以火逼出此硫，眞乃乾汞之聖藥。知乎此，金丹口訣已過半矣。

戊土論

戊土，陽土也，卽先天父氣寄居北海坎水之中，有氣無形，一名水中金，一名坤中金，一名陽鉛，是先天乾卦中爻飛入坤宮變而爲坎中一爻也。秋日中天云：「以坤交乾而有坎，坎爲乾之中男，惟其陰盛，故居北方，爲水之正位，月之象也。坎納六戊，故戊土爲陽土，卽先天乾金，化生萬物皆本乎此。」然旣曰「有氣無形」，果將何物採煉出來，無形而使之有形哉！蓋先天父氣，乃鉛中壬水，獨與丁火配合。仙師妙用，取後天丁火配先天壬水，乃同類相親，陰陽相媾，片時之間，結就龍虎胞胎，以爲大丹之祖。

夫丁火，木火也，藏於硃砂之内，其名爲汞，其象屬龍，其卦爲離，寄居南方火位，故不曰青龍而曰赤龍，所謂「龍從火裏出」也；壬水，金水也，隱於黑鉛之中，其名爲銀，其象屬虎，其卦爲坎，寄居北方水位，故不曰白虎而曰黑虎，所謂「虎向水邊生」也。夫赤龍外陽而内陰，黑虎外陰而内陽，其交之有時，合之有法。明乾坤顛倒之機、陰陽配合之妙、五行生尅制化之理，於丹道其庶幾矣。

至於下手採金，只是驅龍就虎一訣。虎居西方，地四金數，今居北方，天一水數，四與一爲五；龍列東方，天三生木，今列南方，地二火數，三與二爲五。龍虎二家配合，所謂「二五之精，妙合而凝」也。且以生尅言之。用木火以採金，是水逢木死也。壬水生在申，死在卯，故仙師用木中之火去尅水中之金，金情戀木，木性愛金，兩家相見，自然魂魄相拘，丁壬化而爲木，壬水死矣。然不明爻銖配合，則陰陽有偏勝之患；不識華池火候，則金花有枯散之虞。每池鉛用六十四兩，須餘壬水半觔，砂配一百九十二銖，只是丁火八兩，所謂「水如數，火如數」也。

石函記云：「二十四鼎始華池。」承志錄云：「學者苟能引神水入華池，丹道已思過半矣。」且華池之景象，妙在片時，毫釐差錯，卽不結胎。内丹外丹，殊途一理，明乎内事得藥於片時間，卽明乎外事採金於頃刻候也。漁莊錄云：「用鉛只在片時間。」又曰：「陽池只在片時間。」古人不予欺也。黃白鏡云：「太陽移在月明中。」或謂非池中景象。誠參透丹經之秘旨哉！採金歌不云「月出庚方」乎？不云「池中一似半輪月，紅雲捧出天邊懸」乎？邵子詩云：「月到天心處，風來水面時。」此皆華池中眞景象也。認得眞景象，方能採得潔白晃耀之辛金。以此辛金作鼎，紅黑間投，採出庚金，形如金粟松花，光彩奪目。承志錄云：「五日三方文火足，發生金粟是松花。」陳師云：「開看陰池别有由，瓊林玉樹結獅頭。」皆由辛變庚之象。

起初採辛時，是丁與壬合，黑中見白；繼而採庚時，是丙與辛合，白變爲黄。經云：「黑金煉出白金來，白金煉極金花開。」金花朶朶，是黄金水銀所化。旨哉！蓋辛金雖虎體，實汞龍所變。可知，庚金花蕊，無非昇出輕清之死水銀也。既得庚金八兩，必配兑母同煉，餘陰方絕。琴火重光云：「八兩猶然帶癸，後天更要分爻。」承志錄云：「八兩先天配後天，玉池封蓋入鑪煎。生寅庫戌須加慎，踵息凝和弗驟寒。」此言銀鉛同煉，次第緩投，不可急促也。至於兑母，必先用鉛池種過，方可與眞鉛配煉，即金火燈云「洗淨凡銀，對配聖材」之意。蓋鉛非母不能消其陰，母非鉛不能生其陽，故池有陰陽之别。然煉母煉鉛，原非二事。煉鉛卽所以死母，煉母卽所以枯鉛。洞天秘典云：「鉛煉凡銀作藥王，池中消息細推詳。紅霞縹緲籠秋月，錦浪翻騰浴太陽。銀裏陰魔須戰退，鉛中黑魄令潛藏。若無採藥臨鑪訣，百煉千燒母不黄。」須知，鉛煉銀是金逢水死也，銀煉鉛是水逢金絕命也。

至於臨鑪一訣，亦與採金同符，須看銀池之金花簇簇，卽投以鉛花之紛紛，蓋之，自然金火相含受，吞吐見眞機也。漁莊錄云：「周天火候要分明，不遇眞師莫强行。三十六宮翻卦象，千金莫與俗人評。」此非言煉母煉鉛之訣乎？至於火候精微之旨，始終景象之殊，諸丹經雖未顯言明示，而未嘗不露端倪於筆墨間也。學人苟能潛心理會，卽法證書，臨鑪看火，自然節節不差。翫承志錄「五色雲中月吐華」之句，應恍然於煉鉛之火候也。且註云「眞鉛煎煉之際，往往有異顏殊色，變換不同，而眞母自始自終，未嘗不現一輪明月於雲中也」，則煉鉛煉母之火候，更昭然指出。又黃白指南車云：「銀鉛煎煉良久，火候一到，造化自生。鉛不受鎔，泛泛而上浮；銀吞氣足，隱隱而下沉。初若巨蟹之吐沫，畢如老蚌之含珠。」妙哉斯景，蔑以加矣。

然戊兑同煉，兑吞戊陰，又必使之吐盡陰氣，陽花復生，又與戊配，自然你老我老矣。承志錄云：「銀中陽滿，自外赤而內黃；鉛內陰消，庶形剛而體壯。」火功到此，鉛如珊瑚體、琥珀形，而戊土成矣。至於母，必待三家相見，乃能外赤，此時不過內黃。指南車云：「戊土眞鉛烹漸赤，兑金庶母煉微黃。」又戊己歌云：「黃酥母，還不酥，戊土微陰也要除。再配生砂爲死己，暗進玄元世上無。」此言將戊土煉至虛空粉碎，所謂「煉鉛如粉又如塵」，而煉鉛之事畢矣。

須知，藥不必限定觔兩，總以有餘補不足爲妙；火不必拘乎成數，總以藥老丹熟爲宜。獨採金一節，不可過老，亦不可太嫩耳。至於池鼎之用，養煉之間，處處俱要防危，在在皆有活法，是在明達之士善爲會悟耳。

抱元子曰　煉戊首工在採金，論中云驅龍就虎者，以丁火本汞龍、壬水乃金虎也。可知，採金不在黑鉛上投生砂，而在白金上投木汞也。論云：「華池景象，妙在片時。」雖曰片時，却有攢年攢月攢日之妙。

池中水枯金現，月出庚方，於是爻銖分投。進火謂之進陽。進一陽以象震，進二陽以象兑，進三陽以象乾。以年而論，是冬至到芒種也；以月而論，是初三至十五也；以日而論，是子時到巳時也。此時池中陽滿金浮，微風水面，攀轅乏術，立化雲煙耳。

須知陽極生陰，乃造化自然之理。於是坤爻遞進，進一陰以象巽，進二陰以象艮，進三陰以象坤。以年而喻，是夏至到大雪也；以月而喻，是十六至三十也；以日而喻，是午時至亥時也。此時池中陰極，又當生陽。循環旋轉，狀若河車。

胎雖結於片時，功難畢於頃刻。爻銖投備，退火寒鑪，温養日足，再行採煉。天台老人云：「三十六時情復動，再尋雲雨又風光。」今之煉士，或以砂投於鉛面之上，取砂皮石殼爲天晇；或以鉛鎔化而急入顆砂於內，謂之「凝結金漿成玉菓」；或以硬池化鉛，揭取鉛面之黄皮，云「採得眞金果是金」。種種妄作，難以枚舉。

論云：「辛金作鼎，紅黑間投，採出庚金。」此時得力，却又在丙火，以丙與辛合也。故曰：

「朱雀奮翼火燒空，眞鉛海底金光噴。」採得庚金，尤須沐浴。一翻進火，戰退陰魔，方配後天兑母。論云：「既得庚金八兩，必配兑母同煉。」人遂以爲庚八兩，兑亦八兩矣。豈知八兩乃丹道之成法，配上弦之數也。若概執八兩，則母氣無幾，異日養子，又將何以爲三換三乳之資哉！須知此母係凡母，只可乳子補土，今人用凡銀爲眞母，抱砂養汞，耗火亡財，何可勝道？論云：「煉鉛如粉如塵，而煉鉛之事畢矣。」今人每以成功之語用於起功之時，將鉛炒成粉養砂，謂之「煉鉛如粉又如塵」。噫！仙師不知經多少工夫方得眞鉛返粉，茲何若此之易乎？誠可笑矣。

黄白之術，先要洞明母氣。所謂母氣者，就指鉛中一點妙有而言。大抵鉛屬坤，坤形六段，其體本空，何嘗有此妙有？因與砂交，砂中一點陰神，移過鉛中，與先天一炁合而纔有。太上故曰：「有名萬物之母。」捨此母外，再無別藥乾得水銀。世間金銀，雖稱爲寶，其寶實屬凡質。獨不聞「凡質從來不化眞，化眞須用眞中物」。

不明理者，舉水便要死砂。語之以「先死鉛」，非茫然不知所謂，即譁然笑以爲迂。嗚呼！鉛不死而要死砂，是無父而望其生子也。或將砒硫等物死砂，是驅禽獸與人交而望其生人也，不亦可嗤之甚哉！夫有物必有則，心與理融，事與法合，未有不易且簡者。假使天之生物，人之生人，必待委曲繁難爲之，無論日不暇給，且見天地父母之炁盡力竭，先就枯槁矣，尚何生育之有？吾願有志者多看丹經，字字細翫，不可忽畧模糊認過，徒識書名而已。更要虛心咨訪，多積陰功，力行善事，自然有緣得遇眞師指授。此事非天假奇緣不能授，此大道非凡心俗志可求，惟功高德重可冀也。人非聖賢，孰能無過？佛祖云「放下屠刀便成佛」也。
　　坎中一畫奇爻，名曰陽火；離中一畫偶爻，名曰陰符。且如水銀之中進一爻陽火，以象震卦；進兩爻陽火，以象兑卦；進三爻陽火，以象乾卦。卦至上九，其陽亢矣，故當濟之以陰符。進三爻陰符，以象坤卦。卦至上六，其道窮矣，故當又起陽火。周而復始，始而復終。六百火符，大概如此。宋人故曰：「本是水銀一味，周流遍歷諸辰。陰陽數足自通神，出入豈離玄牝。」
　　金火歌中有「四九三十六，方得半觔氣」之句，方士不知此中含蓄妙義，却將凡銀八兩，以黑鉛三十六觔，分作九池，分銖定兩，煎煉觀花，以爲得法。甚至造出一書，刻板傳世，何其僞妄之甚！所謂「四九三十六」者，乃八卦總數，一月周天。且如乾一、兑二、離三、震四、巽五、坎六、艮七、坤八，盡八卦之數，算來共得三十有六。故曰：「周天度數要分明，不遇師傳莫亂行。三十六宮翻卦象，千金莫與俗人評。」
　　丹經云「四九三十六，方得半觔氣」，金藏水中炁而已矣，「用之不可見，見之不可用」也。三十六觔者，按周天八卦之爻數算來，合而成三十六數。八兩消去陰精之鉛者，按七十二候之總數，所謂周天起初生成之數。故曰：「周天度數要分明，不遇明師莫强行。三十六宮翻卦象，千金莫與俗人評。」總之，要明砂鉛炁結之理，須假先天八卦周天度數火候而爲之，定要胎氣充足，必須七返九還之功。所以漁莊有「胎炁足時金自現」之句。四九三十六者，言周天八卦度數眞炁滿足，非謂三十六觔也。亦要按此數用鉛，周天度數不完，白金眞炁尚未充滿，亦不通靈。

己土論

己土，陰土也，先天母氣也，生長南方，居火之正位，日之象也，砂也，中藏有先天眞火，故必借先天眞水以制之，乃能住體成形，化而爲土。秋日中天云：「以乾交坤而有離，得坤之中爻，故名中女。離納六己，故己土爲陰土，一名先天坤土。」坤爲萬物之母，生子誕孫，不外乎此。故仙師先採水中之金，煉成戊土，繼以戊土伏晥珠爲己土，則水能尅火，金能尅木，所謂「火逢金死，逢水絕命」也。

但硃砂中有丙火，有丁火。丙火屬陽，爲離火，方可與坎配；丁火屬陰，爲震木，不可與乾交也。採戊土時，先用丁火配壬水。今造己土，則獨宜取丙火。故仙師有捨丁用丙之訣焉。其用丙也，則以戊土伏取砂之硫氣；其捨丁也，則用水火鼎以昇提砂之硫液。洞天秘典云：「先制玄元降燥性，次須霜粉退緋衣。火從鼎底微微發，汞即騰騰頂上飛。」汞能昇，亦能降，若非桑霜上塡，安能使之昇而不降哉！黃白指南車云：「八兩眞鉛四兩砂，土爲田地火爲家。共爲細末重幃入，上把浮灰四指加。」又曰：「風鑪烹得硫凝餅，水盞昇來汞繫盤。火約三香分小大，鑽從四指定炎寒。」須知，捨丁之時，即留丙之時。

晥液雖去，硫氣仍伏，承志錄云「活汞上昇硫在下，玉池翻取紫金泥」是也。但李師先養火而後昇陰，彭師先昇陰而後養火，不使汞癸滯土中，其訣尤妙。然溫養火候，不可太過，亦不可不及，務使寒煖得宜。承志錄云：「水火同歸混沌竅，夫妻從此結絲羅。溫存火候恩須足，寒燠調停性始和。」封養三朝，硫性馴服，然未經明鑪插骨，硫氣終未實死。

彭師云：「浮陰昇盡方堪煉，會見玲瓏癸丙丁。」夫癸丙丁，丹家第一味藥也，己土晥珠非見此藥不能實死，即養子時，亦離他不得。所謂「丙丁」者，以此物丁火煉成，而又與丙合也；所謂「玲瓏癸」者，白紫清所云「八兩癸水煉一兩，玲玲瓏瓏不敢講」之物也。試問今之煉士能識此乎？黃白指南車云：「取出鉛硫配聖銀，明鑪插骨始成眞。」所謂「火逢金死，逢水絕命」也。地元眞訣云：「學人要識一鑪紅，調燮三家合爲一。」皆同此意。

硫珠死定，再配生砂轉接，方得二土均平。蓋己土工夫，只是一昇一養，一煉一接，添新續舊，用熟制生。次次俱要如法養煉，不可苟簡。至於火功，則漸次而加神氣，漸次通靈，功完百日，戊己相平，然後大火分圭，以畢二土之事。琴火重光云：「黃房戊己密多時，陽滿應知別有期。四九時中勞丙叟，兩弦眞氣始分離。」二土分圭之後，栽培博厚，新舊相平，配養俱照前日。承志錄云：「九九陽符煉藥苗，祛陰靜養似前朝。但於匹配華池後，銅雀春深鎖二喬。」言己土培足，中女和少女同宮，互相交煉數足，乾爻二百一十六策，方得陰盡陽純，二女俱老，己土返成紫粉，而煉己事畢矣。兑金體變紅綾餅，而黃母酥矣。

指南車詠三家形色詩云：「紫泥光射海天東，金餅花團一朵紅。白玉粉成紅玉粉，千眞萬派盡朝宗。」丹家既有戊土眞父、己土眞母、黃酥乳母，則生子育孫，指日可待，開銅點鐵，反掌事耳。丹經云：「大丹只怕頭難倒，倒得頭來萬化生。」誠哉是言也。

愚觀漁莊先生與天台老人煉己之法，較承志錄稍異。一則於戊土成後而伏硫氣，一則於辛金面上而媾生砂。其昇養俱同，栽接無異。不過漁莊效速而承志功緩耳。然辛金上媾砂，不免沾帶鉛陰，故效雖速而力薄，不若戊土伏硫之清眞，功雖緩而力厚也。至於華山之訣，只煉戊土而並不事己土，專賴硇砂之力，將戊土煉陽，乾汞死砂。但眞硇難得，學人尚其從事於砂鉛，以造戊己之爲當耳。

抱元子曰　己土一名天硫，一名神火，全用砂之陽氣結成，其中不可有一點陰汞，故論云「捨丁用丙」。但「捨」「用」俱有秘訣，若不得訣，只取得砂皮石殼耳，安得云「天硫」「神火」乎？蓋戊土爲神水，非用此神水，必不能招攝神火而使之住體。今方士用生砂研末，稍加火硝，薰昇黃硫，謂之神火。又有焚桑木取桑灰入水澄醮，謂之取神火。都是夢中說夢。豈知造己之法，一昇汞，二養火，三煉陽，四栽接，五分圭，六博厚，七煉兑，八返粉。論中節節次次俱已詳說，毋庸再贅。

但分圭後一節火符尚未明言。承志錄云：「欲求神火如灰樣，須賴三朝水火周。金母同培紫赤色，方堪寄氣養新硫。」又須知前度接續之法。定要舊硫實死，燒試無煙，方可添接生砂，切不可以半死者貽返還之咎。此要訣也。

紫陽翁云：「池中先立地中天，用鉛澆淋厚且堅。」即「鉛池種母乃眞母」也。因向鉛池恍惚杳冥之中，使其添精含氣，採得水中金火之眞炁，由七返而臻九還，結作龍虎胞胎，金液始得通靈，是爲白金。眞母乃是得炁之死汞，呼爲眞母耳。白金雖則成寶，不能變化，須用黃硫烹而煉之，始能昇出金粟松花。砂存而體黃，是爲眞父。金丹最難得者，眞父眞母，即戊己二土也。修煉得此二土，刀圭藥就，以後養砂乾汞不難矣。

砂死爲嫡母，又爲眞母；凡銀爲庶母。至於種母，不在此二母之列。若不知此，是煮空鐺也。蓋無壬水眞金，是無父也。無父安有子？先天在此，眞機在此，俗士烏能知之。經云「世人不知眞父母，誤把凡鉛爲宗祖」是也。

養子論

乾坤生六子，始成象於震。震爲長男，代乾行事，而老父老母退居閒位。丹道以戊土爲乾父，己土爲坤母，養出長子，而子復生子，戊己二土亦歸無用。故丹經云：「轉制分胎三次後，却嫌宗祖是囂塵。」經云：「一子蠢，二子拙，三子分剛決。」蓋三子屬少男艮象，退下二陰，一陽居上，分支點化，丹道已成。故易曰：「成言乎艮。」然養子之功，其煩瑣莫過於初子。

秋日中天云：「初置丹砂於坎宮，次置震宮，次徙離南，次置兑西。歷經四卦，以應天地四時成物之意。」所謂坎宮者，戊土也。先選陽砂配養，所以感金氣而立金胎，三五時周，方出錦幃。承志錄云：「三候洞房春意足，請歸東海啗龍涎。」所謂「次置丹砂於震宮」是也。以新養之砂，和汞入鼎烹煮，養龍之性，並以添龍之精。承志錄云：「養得性馴青澈骨。」洞天秘典云：「補得砂中神氣足。」皆言此沐浴工夫耳。但陰煉之後，非神水陽烹不能死砂中之汞。

神水有二，惟白金鉛母乃丹家最要之端。承志錄云：「華池神水浴尤奇。」又曰：「神水施爲豈離鉛。」學者知此一着，則道在是矣。然神水陽烹，非穿衣固體，恐損河車，兼防走失神氣。故洞天秘典云：「不將土固不爲玄。」卽他日乳哺，亦不可赤身見母。由是華池浴後，重複固形，庶免剥落之患。黄衣護體，還資白芨之漿。秘典云：「先將土把砂身固，又要將砂種土中。」蓋以戊土穿衣入己土温養，所謂「徙丹砂於離南」也。重闈抱養三七，始足南内恩情，燒試不損分毫，方送西鄰乳哺。秘典云：「無煙方可見慈親。」必如此，方無傷母之患。子出己土匱中，送與庶母懷抱，秋日中天云「置丹砂於兑西，施乳哺之功以足其氣」也。

兑母養砂三七，火四兩至半觔。三七之間，三换其乳，庶使兒體充足。乳足之後，復以金母神水浴之，祛除乳陰。此時兒身已健，更添沐浴精神。且令父屋重居，復邀祖宗眷顧。砂再入戊土温養七日，以補足三七之數。故承志錄云：「金公反復重幃臥，一樣恩多可煉神。」言與眞母庶母同足三七也。但靈兒重會，鉛父體氣恐帶餘陰，必假水火鼎陽烹九日，終加猛烈，蓋沸瓊漿，方爲退陰煉陽。汞死堅凝，方可添精脱甲。

然卸甲脱衣，亦非易事，須用三男一女死中用活之術。先以活汞養三周，而後打火。承志錄云：「玉漿釜煖飲三杯。」蓋汞入骨而内體充長，自然外膚開折也。尤必陽池硼浴，俾沾土澤而去塵垢，方投乾鼎以脱緋衣。武火煅經一日，玉肌自解出矣。龍既脱胎，性必復回。須先昇提不盡之衣，復入親母慈幃恩養三七。秋日中天云：「還從親母赴瑶池。」彭師云「深恩不異懷胎日」是也。但必以新硫穿衣，不使渾沾塵土，又須復依庶母重乳三七如前。氣足，還求煉陽過關，必資鉛祖。秋日中天云：「更從老祖關前過。」言復用戊土同煉，方能誕子通神。故過關爲養子第一着。

至於龍衣天晄，既產靈苗，體弱身衰，必用己土眞母培補其體、兑金庶母培補其氣。火候各周一七，功用始覺無雙。然後以舊硫伏新硫，而靈藥生矣。然眞火非金不伏。欲接新硫，必假眞金，戊土伏性，性馴方可和靈硫配養。若欲老嫩同顏，必須金火轉煉，一一俱如前制，步步不可留陰。洞天秘典云：「煉得眞鉛配聖琉，玉池封養到中秋。」所謂眞鉛者，子銀也；聖琉者，龍衣天琉也。子銀既已過關，天琉氣已養足，以二者先封煉一日，使魂魄互相制伏，則聖琉體變純陽，眞鉛功完插骨，從此共入陰池，封養半月，水火兼行，日足開看，池中紅黃金紫，形如玉蕊金蓮，昇上靈英，包胎爲妙。以聖琉眞鉛，作長生寶匱，抱養陽砂，自然靈異。此初轉之次第，亦九轉之規模也。

若養次子，則用玉蕊眞鉛，抱養陽砂，七七火足，離母虛養，神稀乃發。脱胎硫母，俱同前制。承志錄云：「如前超脱須歸祖。」所謂祖，乃眞母己土也。歸祖以後，神稀爲三子之包胎，聖琉作誕生之親母，而戊己不與焉。然三陽已滿，必嚴關渡之防。四子重生，仍用超脱之力。由是一砂一汞轉接，看收白雪黃芽。五子六子相承，盡是金蠶玉笋。六陽候滿，慮一陰之復生。七轉防危，用雙金以並伐。八轉瓊琳繽紛。九轉龍光閃爍。須知衆子養畢，當謁祖以朝宗；次第傳靈，歸神室而虛養；水昇火降，三候功畢，而大丹成矣。

至若次次種砂，皆用烹澈肌骨之青鸞；轉轉立胎，當知抽去囂塵之祖氣。九子雖有脱與不脱之異，而子子皆當歸祖。以聖琉未嘗不同，使彼一氣相傳也。三七關後，砂汞方無返還之憂。開點分枝，功效皆在三轉以後。四子胎銀，可鑄神室。先以硫砂配養，而後離母虛養。九轉景象，難以一致，其功用亦各不同。若問辛金於長子陽烹後奚事，常用以死砂；兑母於七轉並伐還何施，惟留以補土。他如育子功夫，則始繁而終簡，火候則武少文多。九子以後，鑄神室，養舍利，則無時不貴文火焉。

總之，丹道口訣，非楮管所能畢宣。只要二土能成，而諸子皆有象之法也。雖承志錄、漁莊錄、我度法藏經書養子功夫各有不一，然皆大同小異，總以超脱過關爲要。故黃白破愚云：「認得銀鉛，頭頭可做；超得砂汞，路路可通。」古仙師又云：「硃砂不過關，如隔萬重山。水銀不過渡，神仙迷了路。」皆所以絕其命而煉其神也。識破此訣，點化在是，服食在是，而蓬山不遠矣。

抱元子曰　此論專言死顆子砂之法。砂須二三錢一粒者方妙，要純是光明熟透，色若珊瑚，形同瑪瑙，方可用。若稍有夾石在内，一經火養，石便破裂，其何以穿衣轉制乎？若不能得此上品砂，則惟用漁莊、天台之法，以土死砂，以砂乾汞，接至九轉，神妙無殊。今之煉士，有以鉛炒成枯粉而栽粒砂於内，砂盜鉛氣而黑，謂之「養得赤鳳變青鸞」，謬誤甚矣。至於論中「藥物」「火候」之號，最易迷人。或一物也，而有數名焉；或兩物也，而同一名焉。火功亦然。或同一事而名不同，或事不同而名則一。學者須融會而貫通之。至若銀鉛砂汞之性，務要一一審的。某物非某物不死，某藥非某藥不靈，皆有一定不移之理焉。子銀不可與庶母同煉，防其亂倫；硫皮不可以明鑪獨煉，防其陽亢。火候有差，丹難入聖。施爲或誤，補救多方。總之，生者煉其死，死者煉其靈，藥卽是火，火卽是藥，丹道之訣盡於是矣。

十段錦云：「預取白金爲鼎器。」鼎器，卽筌蹄也；砂者，魚兔也。以筌蹄而得魚兔，取魚兔而先筌蹄，緊要全在砂鉛炁結之妙。一點紅光，射於鉛內，卽是「太陽移在月明中」。將此陽中之陰，移過陰中之陽配合是也。砂爲乾鼎，鉛爲坤器，是謂「乾坤交姤罷，一點落黃庭」。黃庭者，卽坤器也。知此一點妙有眞炁，原是砂中一點元神命脈，落於黑鉛之內。只此黃庭一點，乃砂鉛二物之中精神命脈凝結而成者。用火煆煉，採而取之，此煉砂鉛炁結之眞口訣也。不然如何能結聖胎？是「煮空鐺」也。初下手時，卽先取白金爲鼎器，以立其胎也。須至「恍惚裏相逢，杳冥中有變。見之不可用，用之不可見」也。又要知「九池炁足通靈妙，始爲宗祖立家園」也。

三丰祖師云：「煉士識得眞父母，方可臨鑪。」客曰：「眞父何如？」曰：「此辛鼎中黃炁賴以貯也，其色故黃，呼之爲眞父是也。」問曰：「何謂眞母？」又云：「能受辛鼎中黃炁而住世不飛者是也。」客曰：「知之矣。得庚炁而死之硃砂，爲眞母矣。不特此也，凡八石能得庚炁而死者，卽爲眞母。何也？以其能抱砂乾汞、生子生孫故也。」

將砂鉛二物投於造化鑪中，會體交神，精炁凝結，如滚日紅塵浮於水面，結成金胎。須以眞火制死金胎，汞陰再配兑金同煉，行前九後九吞吐火功，則戊土成矣。復以戊土養砂，以精伏炁，又用酥母大煉前後九九火功，煉老分胎，已土成矣。大抵金丹大藥，愈老愈靈，勿嫌功多日久也。

離乃東南木火之鄉，坎乃西北金水之地，返木於西北，還金於東南。已去而復來者，謂之返；已失而復回者，謂之還。七返火，九還金，故云七返九還。知此七返九還之功，可以結聖胎而成鼎器。須要知庚無辛不立，所以必借辛爲鼎；壬無癸難生，所以必假癸爲池。若不知此，千舉萬敗，老死丹房，徒怨丹經之誤人也。

所以灰池鐵鼎，普世皆知；癸池辛鼎，無人道及。若不遵此，如何能成？徒費丹貲而已矣。三轉以後，脱去銀鉛，只用砂汞變化，藥便清眞，纔能點化，可以匱八石，分支爲丹房之資用，而銀鉛不過起手借其炁而已矣。鉛中有先天眞乙之炁，入池大煉，色象自呈，是金華鉛也。鉛非平常之鉛，乃金火煉成之白金也。大抵煉鉛觀花，務在不老不嫩。候其炁至，即投以砂。二物交感，則鉛中眞炁自然凝結，隨時採取。故曰：「採得鉛華砂自結。」砂雖自結，尚染鉛中癸水。水不去而砂不靈，陰不退而癸不盡。如欲退陰除鉛，必須用母同煉，砂方實死而堅。又加神火煅煉，悉化爲囂塵，爲萬化不鎔之天晥也，乃可作戊土以養砂。時經十旬，而已土亦成矣。

眞汞產於砂中，得鉛眞氣方能伏性。紫陽翁云：「眞汞產於離，其用却在坎。」汞本陰而屬木，性甚猛烈，見火即飛。若遇鉛中金氣，自然制伏矣。

金胎內含金火二氣，可能補銀母之虚。而此母又能煉退金鉛之陰氣，使化純陽戊土。故曰：「銀鉛同聖。」此自相制伏之一道也。今以砂汞同烹，砂之熖被汞滅，而砂易伏；汞之癸被砂尅，而汞易乾。此砂汞自相制伏之妙也。

砂中木汞，死爲眞鉛。用此眞鉛，煉酥母，伏天晥，養砂乾汞，變化無窮。所以能如是者，以其同類耳。雖曰白金或云鼎器，實是砂汞所變，則非水中金也。

丹道内外辨

客有問於余曰：「吾聞敲爻歌云：『内丹成，外丹就。』可知神仙於道成後自能呵汞成銀、點石成金也。今子勵志玄學，乃不亟亟於性命，而孜孜於鑪火，毋亦重外輕内、倒行逆施乎？」

余笑而答曰：「吾之孜孜於鑪火者，固非輕重逆施，子實將内外錯解耳。吾今爲子詳辨之。敲爻歌所云『内丹成』者，指身内之藥成，玉液了性之功也；所云『外丹就』者，指身外之藥就，金液了命之道也。了性之功，靜悟由己，故曰内丹；了命之道，資助在人，故曰外丹。求道之士，必先内丹成，而煉己功熟，方可求外丹就，而無焚身之危。古人云：『煉己不熟，不敢還丹。』此之謂也。呂祖此歌『内』『外』二字，俱指性命内事而言，非言點化外丹也。蓋性命雙修之道，必須法財兼備。有財無法，財何所用？有法無財，法不能施。故丹經云：『安鑪立鼎要法財，備辦法財買金液。』又曰：『欲求天上寶，須用世間財。』無奈入道之士貧者多而富者少，必須訪外護以相扶。然大道非數千金能了事，費財如此，天下幾見有若是不吝之人哉！故先聖因外護難得，不得已傳黃白一術，作後人求道之梯航。昔三丰祖師遇火龍先生，始聞金丹大道，因歎有法無財，憂形於色。重沐師恩，授以丹砂點化之術，遂遍訪外護，遇沈萬山同煉鑪火。可知祖師之煉外丹，非煉於道成之後也。自來藉丹財以助內修者，古今不乏其人。許旌陽煉藥於西山，葛稚川採藥於勾漏，張虛靖丹成拔宅，彭太華丹就隱身。且古仙師以此道勒爲成書，著爲經典，垂教後世，亦難枚舉。如金藥秘訣、龍虎上經、金碧經、火蓮經、石函記、銅符鐵券、答論神丹、地元眞訣、三元秘範、還金術、無極經諸書，皆言神丹者也；如金穀歌、明鏡匣經、金誥摘錦、漁莊錄、黃白鏡、天台十段錦、秋日中天、黃白破愚、洞天秘典、承志錄、地元正道、三種金蓮、黃白指南車、我度法藏、華山碑、黃白直指、金丹口訣、金火燈、火珠琳、鼻祖錄，皆言點化者也。然能造點化者，卽能臻服食。諸書所載，豈皆古人誑言以誤後人者哉！又豈爲好利貪夫徒飽囊橐者哉！無非普度慈懷，欲使人人成道、個個歸眞也！」

客曰：「誠如子言，則修道必法財兩備而後可也。彼靈龜野鶴，何嘗資乎法財，而亦能長生哉！」

曰：「人與物不同。龜鶴皆能胎息，且無嗜慾喪其眞元，故能不死。若人於情竇開後，精氣神三寶時時汨喪，喪盡則死。故有志修眞者，必賴補養返還之法，求大藥於同類。所謂一陰一陽之道也。」

客曰：「何謂陰陽？」

曰：「天地一陰陽也，日月一陰陽也，男女一陰陽也，坎離一陰陽也。然陽中有眞陰，陰中有眞陽，採煉得眞陰眞陽，方名內丹大藥。」

客曰：「弟子不敏，毫不解內修妙理，先生可爲愚生一洩乎？」

曰：「天律甚嚴，妄傳者殃，非故吝也。子既誠求，聊以大概言之。『古來大隱居廛市，周易屯言利建侯』，辨藥之地也；『五千四八歸黃道，遙指天邊月出庚』，藥生之時也；『袖裏青蛇膽氣雄，金丹全仗此成功』，採藥之劍也；『天根月窟常來往，且把乾坤顚倒顚』，求藥之功夫也；『黃婆姹女爲親眷，須要同心三個人』，修丹之侶伴也；『十月胎圓溫養畢，神遊碧落駕青鸞』，丹成之顯象也。」

客悟曰：「然則道非孤修，必得同類輔佐。彼坤陰柔人不亦難於行道乎？」

曰：「坤道原難。若修人元金丹，必夫婦雙修。先以夫成，婦而後可，其得丹結胎，又較乾道剛人甚易。外此，惟有靜養修性，功德圓滿，得天元服食而始能沖舉也。」

客曰：「若得護法，只修內丹，可乎？」

曰：「外丹亦不可少。蓋内修道成，必須度同類以報德。或與以服食，或厚以贈別，全要外藥支持。或度祖親，或濟窮困，尤賴神丹靈效。故古來仙師講内事，未有不知外事者也。其丹經子書，言内者固多，言外者亦復不少。但好内修者，所失不過清靜，其患猶小；貪外煉者不成，每至傾家，其害甚大。故世人談内者多，而談外者少耳。且黄白易於惑人，方流藉以行騙，此道之所以不可大揚於世也。」

客曰：「然則如之何乃可以得成此道哉？」

曰：「仙師云：『丹道一切因緣，莫非天授，半點不由人力。』苟非修德行善，以迓天庥，吾恐求之而不能得，得之而亦不能成。古人云：『若非積行修陰德，動有羣魔作障緣。』卽此之謂也。」

客憮然爲謝，曰：「命之矣。」

急早回頭歌四闋 增字起，分字結

急，急，花朝，月夕。百歲光陰眞頃刻，說甚麼奪利爭名，說甚麼建勳立業。君不見，多少富貴者，金玉滿華堂，功名美侯伯。在當時非不轟轟烈烈，又誰知轉瞬成空有何益。有何益，方歎這過客光陰難再得。勸世人，趁此珍惜尤宜急。

急早，急早，保精神，遠煩惱。莫把妻孥迷戀倒，誇甚麼婦美妾嬌，誇甚麼子賢孫孝。君不見，多少癡迷漢，紅妝笑房中，嬌兒攜懷抱。在當時非不情投意好，又孰料大限來時各自了。各自了，方悔這妻孥誤我良非小。勸世人，趁此拋却莫嫌早。

急早回，急早回，休誇匠手，莫逞雄才。忙將名利關打開，自有個極樂世界，任我去來。烹龍虎，煉藥材，丹房鑪鼎早安排。火候周天運，功夫九轉推。丹成不羨世間財，無憂慮，絕悲哀，腰纏萬貫上天台。勸世人，猛省把心回。

急早回頭，急早回頭，窮通原有命，榮辱不自由。得則歡喜失則愁，一任他千謀百計，都非善籌。早醒悟，將身抽，訪個明師把道求。乾坤通一竅，性命妙雙修，長生住世永無憂。乘仙槎，泛斗牛，珠宮貝闕任遨遊。到此地，方算出人頭。

閒吟七律二首

丹道原來理不虛，水金一味妙無餘。因師指授纔知秘，得訣歸來復看書。苦志何妨貽訕笑，堅心豈敢厭居諸。仙經卷卷常咀嚼，自哂微軀類蠹魚。

髫齡慕道覓丹鉛，屈指光陰數十年。功行未能修八百，錢財業已浪三千。山逢絕處疑無路，士到窮時必有天。鐵棒久磨針可就，何愁無分作神仙。

明福建陳自得　原著

皖江陳攖寧　重校訂

琴火重光

校刊琴火重光序

琴火重光，爲黃白術中之一種，卽三元中之地元也。其用鉛用汞、點金點銀者，卽物質原子、電子之變化，科學中之最高等化學也。故現代化學專家亦謂原子有互相轉變之可能，而不敢堅持原質不變之舊說矣。其實，此種道理我國古代早已發明，故常云「一本散爲萬殊，萬殊還歸一本」。至於地元之術，亦不外是耳。

美國加利福尼亞大學教授威廉斯博士（Prof. Dr. E. T. Williams）云：「磁針、火藥和印刷三事，既已公認爲中國對世界的大貢獻，現在我們還要承認化學亦起源於中國。」玆悉威廉斯博士，係通曉漢學者，其對於中國古籍研究甚爲精詳，故能肯定判斷以上幾點。惟我國古人對於地元一術，每私相授受，書中多用隱語，使後學不易探索，遂致此種高深之學術，湮没無聞。卽偶有此類書籍發現，亦無人肯加以研究。

近閱美國約翰生（Obed. S. Johnson）所著中國煉丹術考（*A Study of Chinese Alchemy*）一書，對於煉丹步驟法則，雖未曾明載，而其閱讀中國丹道書籍之多，並能條理精詳、徵引贍博，卽在我國中亦罕見其人。竊恐此種學術，將來難免不爲西人盜去，然後改頭換面，認爲彼等所發明，於是，我國一般自命爲新人物者，又震而驚之，盛誇西人科學之萬能，反客爲主，寧不哀乎？

銘對於地元丹法毫無心得，然嘗聞攖寧陳師所講臨爐之景，殊親切而有味。琴火重光鈔本，乃高觀如道兄由北平坊間無意中購得寄來者，高君學識宏深，尤喜研究地元之術，其寄贈是書者，蓋亦善與人同之至意也。惟是書鈔本，歷年悠久，破損脱落處甚多。而當日轉輾傳鈔，筆誤自亦不免。乃呈請吾師親手校正，並填補數字。尚有幾處缺文無法填補，姑留空白，以存眞相。

銘素日發願流通道籍，地元一派將成絶學，在流通素愿中更爲首要。況是書爲地元丹法之名著，而世間又無刊本，自不忍聽其終於湮没。爰製版發行，俾供海内好學深思志同道合諸君之研究。倘再能參考别種地元丹經，得其公式，臨爐實驗，克底於成，自利利他，兩全其美，豈非宇宙間一大快事哉！

謹弁數言，以識其緣起如此。

民國二十七年戊寅閏七月上海竹銘張廣勳序於翼化堂

琴火重光序

陳竹泉先生，閩人也，名自得。少時性極純，將冠始學詩。年二十四五，頗究性理天人之學。既而爲文詞序記以自研礪。

明景泰庚午，教書薇垣方伯家，以先生執承事員而進官，負氣弗往。會太守太尹咸以明經舉，亦不就，惟留心醫術以活人。後遊江湖，於諸子百家靡不涉獵。由是天文、地理、兵法、卜筮、釋者之學，悉惟尋究，窮年終歲，手不釋卷，然僅免爲一庸俗人而已。每殫思竭慮，欲超乎草木同腐之外，而卒未能，至於流涕。

癸酉歲，邂逅外丹之事，獲覩點化黃白神效，遂趨事之，執弟子職。三載餘，家貲寶物器玩琴書一爲之空，終無所得，知爲竊丹僞人，乃退而日夜尋試究裏，寢不安席，食不甘味。每十試一驗，凡利害得失皆以爲師。自是知識日長，道理日明。嘗言內丹先天一炁爲擒汞之妙藥，結丹之至寶，號曰眞鉛。然此眞鉛之名，正假象於爐火，爲無極之根，名天地之始，本萬化之源，妙陰陽之用，非至人不能得，非至聖不能行，非賢智不能知，非明睿不能察，緣淺不足以見，德薄不足以聞。故外丹之士，非此，則三黃八石草木雜料而難施；識此，則如指諸掌，簡而且直。但在人得之難易不同。凡有志於是者，能聚精會神，勤求寤想，自有神明默佑。一旦豁然，如剪荊棘而通大道，如披雲霧而覩青天云云。自此形諸歌詩，以寫其懷，積日成卷，曰養道策，時成化三年丁亥也。余閱之，其詞中竅者，僅十之一。譬諸金之雜以泥沙，雖間有發露處，而終掩其光，心竊疑焉。後得琴火重光，其所論眞鉛眞汞，抉破幽隱，誠如百煉精金，較之養道策不啻天淵矣。又見先生「南呂一枝花，有入斯道四十餘春」句，深歎學道苦心。但按之明史，癸酉爲景泰四年，至成化三年丁亥，僅十五年耳，何以有「四十餘春」之語？及讀至「辛酉年遇至人親傳口訣」句，乃知丁亥已前之養道策，雖連篇累牘，先生尚無所遇。而琴火重光中則曰「敢道無師自悟」，又曰「盲師不信有眞傳」，其爲辛酉遇師後所作無疑。可見，求道者，非久歷艱辛，明師指點，必不能得也。

先生詩云「破琴燒火煉凡鉛」，故取義以名其書。太華山人承志錄實本於此，然錄中但言金穀歌、漁莊錄、秋日中天、洞天秘典、黃白直指、黃白破愚六書，不及琴火重光，意此即悟玄子所授之秘本，而不敢輕以示人歟。

方士轉相鈔錄，字句多訛，余特爲校正，以爲求道者筌蹄之一助云。

雍正六年仲春玉峰山人陽春子題

琴火重光讀者須知

一　本書作者陳自得先生，號竹泉，乃明朝福建人。余昔日所藏黃白直指與鉛汞奧旨二書，其自序之末行，皆有「福建陳自得序」字樣。本書陽春子序，亦言先生爲閩人。而本書原鈔本，首題「明福堂竹泉陳自得著」，今疑「福堂」乃「福建」之訛。故刊本竟將「福堂」改作「福建」，仍記原文於此，以存眞相而昭慎重。

二　玉峰山人陽春子序，作於清雍正六年，序中斷定本書爲辛酉年遇師以後所作。考辛酉乃明孝宗弘治十四年，在雍正六年戊申前二百二十七年，而雍正戊申到今歲戊寅，中間相去又二百一十年，則是吾等今日校刊此書，距昔日作書時代，已經過四百三十餘年，作者之精神亦可以不朽矣。原鈔本序跋兩篇之後，有玉峰山人印並陽春子印各二枚，色猶鮮紅，知其爲玉峰山人親手校正之本無疑。

三　陳自得先生外丹著作共有三種：一黃白直指；二鉛汞奧旨；三琴火重光。

三種皆無刻本行世，惟少數爐火專家歷代秘密相傳，奉爲枕中鴻寶而已。戰禍既作，轉徙流離，前二種鈔本不幸遺失。喜高觀如君，偶於北平書肆覓得舊鈔本琴火重光，持以示余。此本今日在陳著外丹書中，殆爲僅存之碩果，亦即竹泉翁畢生研究之結晶。明清以來，各家外丹書常引琴火重光中詩詞語句，以證己說不謬。可見本書在外丹著作中實佔重要地位。黄白直指等書已遭刧運，安忍令此書再受同樣之厄？是則余等今日製版流通之微意也。

四　仙家丹法，大別爲四：天元謂之神丹，言其神妙莫測；地元謂之靈丹，言其奪造化靈氣；人元謂之還丹，言其還我固有；黄白謂之金丹，言其點石成金。

地元能點金又能服食，黄白止能點金，不可服食，此乃二者不同之處。本書西江月第七首云：「以石點成恰易，將人服食終難。」因此可以斷定，本書乃黄白丹法。

五　本書陽春子序中所列舉各書名，如承志錄，今在道言五種内；如金穀歌、黄白破愚，今在濟一子道書十種内；如漁莊錄、秋日中天，今在金火大成内；如洞天秘典，雖有刻本，然甚不易得，濟一子外金丹中所收洞天秘典，僅寥寥數頁，殘缺實多，而金火大成中竟隻字未收，皆爲遺憾。

又余往日所藏漁莊錄舊鈔本，内容較金火大成中漁莊錄，詳畧互異，正擬使之合璧，以全其美，不料亦隨黄白直指而同逝矣。可歎！

至於序中所謂成化三年前所作之養道策，世無此書，意即黄白直指之初稿耳。

六　附錄中序跋四篇，雖無關宏旨，然以原書既失，僅留此序跋四篇在揚善半月刊中。而揚善刊又因戰事停版，倘不趁機將其附載於此，竊恐若干年後，考古者欲求此四篇序跋且不可得，遑論原書耶。是亦慰情聊勝無矣。

中華民國二十七年戊寅中秋節皖江陳攖寧識於上海仙學院

琴火重光

明福建竹泉陳自得　著　皖江陳攖寧　重校訂

鉛汞賦

黑鄧鄧一塊鉛，何處辨庚辛壬癸？紅洞洞幾顆砂，誰分他女父雌雄？欲求大道無窮，且說金丹二字。始兑終乾，九還次第；用離生坎，下手工夫。鉛非眞礦，難生潔白之銀；煎必灰池，務求騰倒之法。黄轝神室，一物而兩其名；眞水眞火，兩弦各從所出。翻三十六宫卦象，五百七十六數須完；合七十二候陰陽，一百四十四星始足。雞巢少鳳凰胎，千萬休談雜類；狀元本秀才子，叮嚀莫棄凡鉛。鉛土鉛皮爲戊土，分明騙子生涯；砂皮砂殼作天晥，大率迷人孽障。若不先明順逆，豈知就裏玄微？鉛用釜鎔，晥子浮沉顛倒；銀爲鼎器，硃砂皎潔輕清。二胎水銀混沌死，卽流戊就己之時；三胎宗祖是囂塵，正去戊從己之日。九鼎功成，日日三家配煉；前人德大，枝枝一樣朝宗。大抵外凡而語聖不明，論氣不論形不備。鉛本坤申，非木火焉能成坎；砂爲離午，無金水未易還乾。是以片晌結胎，見交姤陽池妙用；三番逆煉，正混元去癸奇方。總之二物，皆要枯焦；到底三人，俱成正果。父布精而母納血，功德維均；妻孕子而妾乳哺，劬勞並似。賸無壓嫡科條，孫有紹祖名義。畢竟飯由米造，丹自藥生。故柴米均勻，則飯熟屆期；藥生眞正，則丹成反掌。不盜不成，成後何勞盜盜；不生不死，死時偏解生生。而況點化易於成銀，其實死鉛難於死汞。是道也，非眞傳實授，任過顏閔聰明，若瞎煉盲燒，笑殺兒童戲劇。煉士須知，吾言不再。

詠鉛銀砂汞

其一

枯鉛端的用鉛枯，不會枯鉛莫强圖；蟹沫蚌珠儂見也，獅頭瓊樹子知乎？硃砂潔白方爲美，癸水玲瓏不似初；更有天機盡露洩，陰陽池數莫糊塗。

攖寧按　「獅頭瓊樹」在別種地元丹經上皆作「獅頭橘樹」，蓋象形也。

其二

西鄰少女兑方成，原向坤家寄體生；曾吸龜精過黑海，因烹雀髓入紅城。黃從白裏生無歇，氣得先天積不輕；　神室怪來人不醒，獨將庶母强呼名。

其三

青龍弦氣號天晥，見火分明不可留；　說到砂皮眞是夢，能尋金液果良謀。　陽還赤橋三家煉，火養鮫鮹九鼎優；　己土功成名不細，孫孫子子祝千秋。

其四

先天名是後天名，坎裏離宮一味清；　邂逅眞金甘戢伏，盤桓神火自分明。　乾時迫索終成土，死去通靈解化生；　個裏玄微能透却，神仙眼見世間行。

詠坎離震兑

丹理雖微，不出坎離震兑四卦，故夫妻父母、男女子孫，率皆自然法象。　乃知仙道人道，等無差殊，惟有順逆之别耳。　然而，顚倒機關，可以卦爻考驗。　初則以離就坎，是謂將紅入黑，女反求男；　次則以坎尋離，是謂以黑投紅，男來悦女。　少女長男，二物相含眞父母；　中男中女，兩家共長聖兒孫。　大道此其端倪，達者自當了悟。

壬精☵以坤承乾，内實爲坎　木火☲以乾交坤，中虛爲離

長男☳陽伏坤下，子繼父體　少女☱寄生於坤，終還於乾

其一

冥冥何所見，一畫寄中心；木火勞相引，辛壬始可尋。翻騰兒挽母，生殺火留金；窮到鴻濛處，方知理最深。

這個一，這個一，可惜人人都不識；太極中藏無極來，外見陰形内陽質。木火勾引到底裏，辛壬漸次呈顏色。坤爲母兮兑爲兒，來來往往奇又奇；金爲夫兮火爲婦，顛顛倒倒無窮數。丹願若外黑鉛求，天地茫茫無去路。

其二

姹女南園住，娉婷大可憐；陰心陽是面，木質火爲弦。甘伴金同死，偏尋水底眠；也知成己土，根脚是紅鉛。

這個火，這個火，偏向南園角邊躲；就裏懷藏一女娘，向外尋來是個我。是個我，號龍弦，嫁與金公水國眠；懷胎因借氣，產子得長年。欲識黃婆爲己土，天⿰日㐬名姓是紅鉛。

其三

九三長公子，年少正風流；　繼體東方續，分符月角遊。看花甘此醉，遇土得身留；出子陽來復，生生更起頭。

震震震，生誰見，形容到處能更變；　向刦先天洩出來，十二宮中都走遍。月角受陽符，東方繼父體。滿腔金液醉歸時，一塊黃土留身地；　陽來復見天地心，生化化生千萬世。

其四

少女出西鄰，惟應母最親；　翻騰金漸聚，生殺火留金。神室虛無長，紅綾點化眞；若將凡品共，誤我世間人。

兑兑兑，是坤生，母子相連大有情；　暮暮朝朝身不舍，翻翻覆覆事堪驚。消陰爲戊，求陽爲己；　得金則成，得火則明。神室紅綾一個物，無限大丹從此出；　世人將此抱砂汞，神仙天上稱冤屈。

金火條目 按二十四氣

其一

木火追金理最幽，坎離精氣片時投； 世人不識神仙意，空與砂鉛作寇讎。

黑鉛四觔，硃砂八兩，分銖定數，按候對時。灰池既已鋪張，圍屏亦有式樣； 若非覿面親傳，豈與砂鉛作障？

其二

採金一着果誰知，木載金浮始得宜； 月白日紅非景象，請君究取癸生時。

金公深居，木母叩户。個裏太陰黑魄，全借陽光生明； 喻以月白日紅，非指池中景象。世人不悟，等等猜評。若能究取癸生，會見秋波瑩淨； 老嫩既已消詳，交姤豈宜怠緩？ 鉛當四八分池，砂以八八配數。宜依次第，勿弄聰明，的旨當求，邪言勿聽。

其三

鎔鉛用釜妙如何，一訣分胎總未多； 說是用鍋君不信，冷鉛熱火更知麽？

馬牙榴子，剛脆異常，再鼓再鎔，金沙始出。若非親眼看來，誰知用鍋妙絕；熱火冷鉛薰蒸，字字都須敲破。

其四

金木相逢却有情，龍吟虎嘯果同聲；從此金粟松花長，五日三方火候平。

金木相配，一氣氤氳，金戀木而浮，木得金而沉。靜養五朝，松花簇簇，浮沉昇降，虎嘯龍吟，妙哉奇哉，形容不盡。

其五

若個能分金水胎，青龍飛舞上頭來；築灰注水還加火，頃刻浮沉見聖材。

如法行時，香消半炷；塵埃剥去，再煉休疑。

其六

誰辨先天與後天，金郎少女結姻緣；配來二八池中煉，庫戊生寅火自然。

煉母煉鉛，原非二字；分胎既定，方配後天。池稱陰陽，自有分別：陰是煉鉛以消癸邪，陽是煉銀以足陽氣。此訣不明，盲燒無益。

其七

黑龜白虎兩風流，虎啖龜精勢未休；賴得丁公多奮武，虎頭容易變獅頭。

虎奔陰池，魔方退步；丁公罷戰，便見獅頭。不教癸去他鄉，黃轝何由可造；神仙喫緊機關，勿與非人妄示。

其八

金華三百八餘銖，八兩中間一兩居；四九宮中春不老，翻來卦象本如如。

採金總數，要足金花三百八十四銖，必從金水一百四十四數烹來。池分陰陽，度各四九；周天火候，聖智難量。千金莫許，非苟而已。

其九

五百功完七六多，半觔炁足笑呵呵；蓮開半井花如玉，天上人間見也麽。

八還功完，半觔氣足。歷五百七十六數之勤，僅三百八十四銖之半。蓮開半井，以喻上弦；

花白如玉，幾人得見。

其十

誰人能見白硃砂，不遇神仙莫亂誇；返本還元同轉煉，總名白雪與黃芽。

離入坤宮，硃砂返本；先後翻騰，紅黑返白。黄芽始發，白雪終凝；嗚呼奇哉，不容易見。

其十一

戊土功成玉粉佳，鮫鮹火養吐光華；功夫到此須求己，結就刀圭始足誇。

從紅入黑，功竣於此；以黑投紅，期須托始。

其十二

青龍弦氣號晛珠，汞去流珠鼎底居；却笑世人迷不醒，薰蒸浪去取虛無。

汞入霜中，晛居鼎底，治玄元以降燥性，歸玉池使離原形。一後一先，不容紊亂，若去薰蒸，可惜夢中說夢。

其十三

龍虎雙弦結作團，相期徹底盡焦乾；　由來火候須勤守，寒煖調停亦大難。

刀圭始結，混沌難分；　寒煖調停，全憑火候。戊己相合，期望純乾；　周天火候，不可不知。

其十四

欲馴龍性事非輕，金氣雖降未肯平；　解把浮陰昇盡了，三家合一煉方成。

晥珠爲龍，極難馴服；　氣精交姤，未盡純和。若不昇去浮陰，猶恐尚留頑髓。　三家合一，配煉方成，節節如斯，差殊不得。　姹女雖配金公，猶恐陰汞未絕，須昇去浮陰，再三家配煉，始爲純陽己土也。

其十五

三朝沐浴火悠悠，爲繼昇陰暫少休；　靜養以文休怠忽，看成紫粉作丹頭。

頑髓既昇，藥苗漸老；　三朝文火，靜養安然。　施翻覆制煉之功，有變化無窮之妙。

其十六

二百陽爻一六明，丹砂鼎内一靈生；　不緣九九更烹煉，安得純陽己土成。

一養一煉，反覆施爲。鼎池調神歸虛，次第井然。每言九九，共終陽符之策二百一十六爻，方得火氣純陽，變成眞土。九九者，乃十八日也。

其十七

百日如將花結果，剛剛四鼎算丹砂；　假饒欲試神威力，先取刀圭驗着些。

百日功成，砂名四鼎，如花結果，性漸純和。先取刀頭圭角，便堪制汞成眞；　此時小試其端，功畢方圖於後。

其十八

曲房戊己密多時，限滿應知別有期；　四九時中勞丙叟，兩弦眞氣始分離。

三胎得靈，功成者退；　去戊存己，此正其時；　混元鼎内，電掣雷轟。時經三十有六，水火乃克判形。允宜珍重，萬勿躁急。

其十九

九鼎睆分獨自居，牟尼五色耀靈珠；　等閒一粒能乾汞，試問人間見此無？

姹女已懷金胎，從此含眞育孕。碎如金粟，試投一粒於滛汞，便作秋蟬朗鳴，刹那眞死。希哉奇哉，豈容易見？

其二十

土生萬物本從來，金穀無邊向此栽；　生熟何妨頻接制，通靈博厚始奇哉。

土作玉田，砂爲金穀；　以生接熟，上應河圖；　新舊相半，金火轉煉。如斯博厚通靈，何患不收萬斛？

其二十一

九九陽符恰若前，祛陰靜養亦無偏；　華池二妙同前會，新土渾教變玉田。

前以陰陽向配，後以後天相續。前後陽符，皆言九九，祛陰靜養，功與前同。二妙華池，中女少女，交煉如初，坐看新土，變成玉田。以睆伏睆，旨哉旨哉。

其二十二

龍弦紫粉己成金，四九施威火力深；從此體堅能養育，仍仍總總與林林。仍仍，眾多貌；林林總總，繁盛貌。——攖寧附註

轉轉制煉，造己功成，體雖强健，神未還虛。故必赤龍炎燥，四九施威，方得通靈無比。考三十六火候足有之機，與神火煅煉灰塵之訣，若合符節，豈欺吾哉！

其二十三

紫泥光射海天東，金餅花團一朵紅；白玉粉成紅玉粉，千枝萬派盡朝宗。

三寶皆眞，萬刦希有。

其二十四

初子無過鉛養砂，金郎姹女度韶華；離宮養出還求兑，八子繩繩繼脱芽。

初子之砂，務求攢簇。先投坎地，令感先天；次入離宮，以沾眞火。庶母凡接三乳，初子始克成形，從此互相生育。八子繩繩，率皆權輿於此。

西江月二十八首

其一

經典深藏奧妙，研窮切莫糊塗。頑窮雜類費工夫，起手分明勿誤。　太上理推順逆，其間數合河圖。儂今依本畫葫蘆，敢道無師自悟。

其二

且說丹中奧旨，原從月裏生來。先將木火叩門開，始得撐金出海。　顛倒坎離是的，拘囚魂魄奇哉。日紅月白莫胡猜，不是池中景態。

其三

我說明明昇降，今人往往驚疑。龍吟虎嘯有天機，道理不難不易。　榴子馬牙再鼓，銅臺龍羽重施。如斯珍重以文爲，五日浮沉可試。

其四

八兩猶然帶癸，後天更要分爻。西鄰少女態嬌嬈，權喚消陰物料。　池有陰陽禪代，火分生庫盈消。同宮金水暮和朝，煉得鉛眞最妙。

其五

借問龍弦是甚，原來不是砂皮。薰煙留殼總皆非，一似兒童作戲。　木向霜中化汁，晲居鼎底爲衣。一觔隱得不多兒，此是先賢的記。

其六

識得藥材可配，誰知火候尤難。調停還辨燠和寒，曉夜周流細看。　水把火光潑滅，火將水氣熬乾。兩弦眞氣總靈丹，一味枯焦到岸。

其七

庶母假名眞母，大丹休比神丹。不須混作一途看，度數勞君再算。　以石點成恰易，將人服食終難。個中辨別有機關，莫把仙經錯看。

其八

一個五行順逆，何堪舉世癡迷。人人尋草及燒砒，苦向丹門覓利。黑汞爲金最的，紅鉛是土休疑。誰分上下與高低，只論龍弦虎炁。

其九

再說枯鉛二字，分明去癸奇功。勿將枯字看朦朧，便去鍋中胡弄。首尾翻騰有訣，循環度數相同。存些陰質總成空，不顯神仙妙用。

其十

我向名場退轉，因將玄理搜求。脚根無線四方遊，凍雨淒風忍受。苦海蒙師指點，迷津忽地回頭。如今貧苦豈須憂，且待機緣輻輳。

其十一

我勸玄門有志，求丹明理爲先。凡鉛凡母煉徒然，那得牟尼出現。採處須尋一氣，流來要覔雙弦。盲師不信有眞傳，枉自遭他欺騙。

其十二

本是西家少女，强將庶母呼名。消陰乳哺煉陽神，三着般般喫緊。神室黃轝更貴，大丹紅餅非輕。不經水火總難成，今古誰人醉醒。

其十三

自是提燈起火，誰知轉輻藏珠。從前迷悶是儂愚，忘却未生身處。撞出金生坎户，尋來火長離軀。將他扯拽一房居，指日丹成可據。

其十四

戊己雖然合抱，刀圭必是分張。期經九鼎底須忙，辨去辨留爲上。宗祖嚻塵古語，兒孫還繼書香。中間妙理自參詳，勿看他人式樣。

其十五

丹是一般訣法，池分四個陰陽。立名隨意本無常，道理幾曾兩樣。陰煉陽呼却是，陽烹陰號何傷。追魂插骨兩池良，此是丹成後帳。

其十六

莫怪盲師錯教，還憐自己愚蒙。不知誰是虎和龍，便去枯鉛死汞。眞假緣由未辨，遭逢歡喜相從。弄來弄去鬼般窮，盡做南柯大夢。

其十七

誰信丹無別巧，求他一個純陽。提來掇去苦搬忙，總是祛陰伎倆。莫說工夫苦楚，寧辭日子悠長。魔君戰退顯靈光，萬斛明珠不尚。

其十八

庶母凡形後質，分明賴火和金。時人不識聖賢心，把去凡鉛裏浸。不辨他家是兑，應知無處求壬。可憐空過好光陰，耗火亡財則甚。

其十九

教外別傳固是，經中藏訣無差。不明神火與金花，何處還他造化。戊本坎宮虎氣，己稱離府龍芽。誰知玄牝本無他，五丈門高並跨。

其二十

笑我自己未度，翻思欲度同心。度人度我兩難尋，鎮日奔忙爲甚。濟世須憑功行，還丹不在山林。十年共濟少知音，空向鹽車淚沁。

其二十一

我願人人成道，探來句句眞詮。請君早識後先天，一切陰陽要辨。虎氣假名黑汞，龍弦綽號紅鉛。兩家顛倒結姻緣，養煉又還養煉。

其二十二

火候難明是的，煉鉛要識周天。些兒欠缺豈周全，壬癸庚辛莫辨。煉出仙池玉粉，方名虎氣初弦。翻騰若個悟眞詮，便是神仙出現。

其二十三

汞本水形木質，非金非火難乾。天晥一味是靈丹，金火相須變換。實死眞晥既得，明乾濕汞何難。因知雜類總無干，莫信迷徒誑誕。

其二十四

固是丹頭一味，靈晥去伏生晥。仍前養煉氣方休，數要相停新舊。神火灰塵再煅，玉田金穀常收。許多孫子拜千秋，石爛山枯不朽。

其二十五

黑裏先明子母，紅中好別雌雄。等閒伏虎與降龍，露出玄機妙用。慢說有無巧妙，都來水火根宗。懷胎未識慎無慵，下手要尋眞種。

其二十六

精氣與神上藥，三元三品非誣。煉來化去却歸無，內外誰分兩務。法象坎男離女，天機陽火陰符。早尋同類做工夫，莫走旁門岔路。

其二十七

窮究用鉛不用，原來是說凡鉛。片時交姤採先天，只用凡鉛一遍。及至翻騰去癸，却無渣質相牽。眞鉛到底豈終捐，代代兒孫要見。

其二十八

一切宰官居士，兼他優塞優姨。比邱亦有比邱尼，大道人人可識。火裏開蓮最確，丹成點石何疑。儂今特地洩天機，施與上根上器。

黃鶯兒七首 以按七返

其一　題水中金

說在坎中心，黑茫茫海樣深。可堪覿面難相認，點着火去尋，淬着水一沉，片時誰想成胎孕。好奇珍，半觔一餅，喚做水中金。

其二　題白銀

果是礦鉛生，認爲鄰少女名。吞鉛先取他爲鼎，與前弦數平，歷諸宮體成，通靈母氣非凡品。價難輕，後天庶母，一樣强呼名。

其三　題天晥

何物是晥珠，在南園上下居。玉池煖閣招他住，恰一兩三銖，會雙弦不殊，渾交體破何足慮。合丹書，儂今得訣，不受世人愚。

其四　題虛無

若個見虛無，在凡形裏面居。誰人尋到虛無處，笑蒸氣大愚，陋薰煙太迂，先天浪說無憑據。莫躊躇，無從有見，究竟總還虛。

其五　題八卦

顛倒要敲爻，隔河圖數不遥。逆來順去人難料，震與兑並着，坎合離接交，三男三女乾坤妙。有根苗，參詳理奥，盡向易中消。

其六　題五行

此理最難明，豈人間順五行。玄玄消息渾無定，金交木有情，火逢金反成，水因土尅方堅命。更堪驚，怕生愛死，死去得長生。

其七　題四象

四象好開陳，是青龍朱雀眞。玄武白虎依宮認，況外象要論，比內神更親，銀鉛砂汞分明定。究緣因，全憑藉土，□□本來身。

曲十調

新水令

自歎十年辛苦意如何？爲金丹，把鐵鞋兒穿破。神洲應有路，弱水任興波。志豈消磨？志豈消磨？論信受，無人如我。

步步嬌

天機一着先參破，丹頭味不多，只有金和火。交姤知麽？女求男，機活潑。想起從前白日夢南柯，千魔萬難都經過。

折桂令

到今日，拍手笑呵呵。始信砂池種出炎荷，金龍飛去□□河。西鄰少娥，北地親婆，兩翻騰來往如梭，都幹着那些生活。却大家努力驅魔，涓滴兒不容退躲。

江兒水

玉粉如霜瑩，黄礜映日皤。迫忙裏又去尋神火，騰騰朱雀方登座，嬌嬌青龍再出窩。弦氣當合，從此刀圭結着。

雁兒落

向房幃，夫與婦，兩諧和。看寒煖，暮和朝，勤索摸。不放□，□髓留。直等到陽華足，又誰知限滿不須他。請金公，離寶座，留己土，作黄婆，紅綾餅，再摩挲。知波？眞一味世外希奇貨。休波？笑凡夫錯認輕狂做。

僥僥令

分明點化神仙禄，萬派千枝接着。遐齡萬刦未爲多，任龍天齊讚賀。任龍天齊讚賀！

收江南

呀！猛回頭，紅泪滴漱漱，恨半世自懵懼。最無端，睜開雙眼跳黃河。從前恩愛皆枷鎖，趁及早逍遥掙脱。又誰肯束手待閻羅？

園林好

把□□拜乞彌陀，把慧心煉出太阿。受太上金門衣鉢，管旁人信也麽哥。

沽美酒

念同心，受困疴；急修持，濟窮獨。嗟余孽債舊偏多。雖則是舊偏多，積功行，消除過。幾時得世界成金粟？點金銀凡磁瓦礫，化酥酪溪澗長河。我呵！從此靈田種禾，玄府登科，那裏管會龍沙剛剛八百個。

餘韻

丹□□□心無頗，妙理消詳自不訛，普願人人成正果。

跋

琴火重光一書，言外丹黃白之術也。黃白不外眞鉛眞汞。眞鉛爲地魄，爲月華，沉潛北海，聖人以日精昇魄而不使下墜，不然安能赫火紅飛白雪乎？眞汞爲天魂，爲日精，性最炎上，聖人以月華擒魂而不使飛揚，不然安能摧折羽毛頭與脚乎？而魂魄之變化，卽火符之變化也。蓋坎中之奇爻，便是陽火；離中之偶爻，便是陰符。坎離中之火符，卽爲至藥，此内外合一之道也。不明此旨，雖日讀是書，亦如村夫之聆雅樂，盲人之對青燈耳。留心玄學者，其以余言爲然耶。

玉峰山人陽春子跋

附錄：序跋四篇

黄白直指序

直指何爲而作？懼黄白之失其傳而作也。蓋自許、葛、鍾、吕等輩紛紛迭出，仙仙相承，而黄白之傳有自來矣。迄今千年，玄風寖息，丹道湮微，後學茫茫，百無一就，今作爲直指，以鼎器、藥物、配合、火候四者，本末始終，直言直引，譔起貧讃，以總其綱。次步敲爻歌五首，以列其目，庶開黄白之迷途，謹救後學之風弊。故名黄白直指云。

成化丁丑夏四月甲寅福建陳自得序　**原鈔本註**　「丁丑」一作「丁酉」。

攖寧按　明憲宗成化年間，無丁丑年，若作丁酉年，亦不合。蓋丁酉乃成化十三年，而竹泉翁作此序時，當在作鉛汞奥旨序以前。考鉛汞奥旨一書，本是繼黄白直指而作，以補其未盡之意，奥旨序既作於成化六年之庚寅，則直指序或是作於成化三年之丁亥，較爲近似。

黃白直指跋一

陳君竹泉與吾爲中表親，好神仙術，財產費盡而不悔，人皆譏笑。予獨佩其誠，每資助之。彼幸而一旦頓悟眞詮，得臻至道，撰此授予，蓋不忘昔日之意也。顧予淺薄之夫，何足以知此？然既承君惠，稍試，果驗。因思鉛汞二物，本於坎離，生出震兑，坎離則又皆居坤土，遂不揣固陋，以此五卦畫之於首，各賛八句於下，庶幾於丹道少補萬一云。

興化汪誠好眞氏跋

攖寧按　神仙學術，自古以來，常招庸俗之毁謗，已爲公例。陳君煉丹無成，受人譏笑，本不足怪，所可怪者，則在汪好眞君之特垂青眼，不以成敗論英雄，結果居然厚食其報。求之今日，非但竹泉翁如鳳毛麟角，即汪好眞其人者，又安能數覯哉！

黃白直指跋二

余少慕丹道，迄不能成，放浪江湖，冀遇明師，引登覺路，乃得與汪君好眞友善。久之，始克覩其秘藏，大率眞僞混淆，瑜瑕相半，深爲惋惜。惟陳竹泉先生所著黃白直指一書，其間言丹道之難，與藥物、配合、火候之旨，以及分胎接制、布列四象、攢簇五行，靡不畢具，誠修玄之要旨，而至道之眞傳也。捧讀再三，不忍釋手，因忘其譾劣，敢薦蕪詞，用列汪君之左。雖珠玉在前，不無形穢，而高山仰止，亦聊寫我心耳。

毗陵董中守一氏識

攖寧按 董守一氏雖自言所學無成，尚賴尋師訪友，然能辨眞僞，識瑜暇，其眼力畢竟不凡。余常見世人讀外丹書不終篇早已昏昏欲睡，或廢書而歎，或怨詈作書者故弄狡獪，愚弄後學，或批評作書者自私自利，不肯公開，或者直斥爲迷信而非科學。凡此種種態度，皆於丹道無緣，求一似董君所云捧讀再三不忍釋手者，殆罕有其人。甚矣！仙風之寥落也。

鉛汞奧旨序

予早年讀書，粗知禮義。及長，篤好玄門，罔知至道。遍訪明師，廣求高士，歷經數載，未見一人。進道無方，退而有憾，於是獨取諸祖丹經，列仙書傳，朝夕玩味，歲月窮研，誠格皇天默佑，神明鑒衷，一旦豁然頓悟，乃知是理不假外求，實在陰陽五行之内、天地造化之中。然而理固契之於心，事未經之於手，況夫時至窮冬，命逢拙運，乏財爲助，抱道難行。千慮萬思，無策可圖，遂鬻田一段，得銀數錠。試之有得，屢爲屢驗。感造化之非常，不敢私於一己，志欲普度後世，乃作歌賦數篇，詩詞百首。尚未盡詳，誠恐有誤將來，故復作是書。鼎中配合，火候工夫，細具條陳，不辭輕洩之罪，甘獲慢露之愆。寄語同道，勿侈勿隱，於是乎書。

明成化庚寅仲春福建陳竹泉自得序

攖寧按 玉峰山人序謂竹泉先生於癸酉歲邂逅外丹之事，則是到庚寅歲，首尾已十八年矣。歷盡千辛萬苦，一旦豁然頓悟，得遂初衷，其堅忍不拔之精神，直駕乎歐美各國大科學發明家以上。蓋吾國學者處境之劣，乃百倍於歐美也。我輩今日且然，况遠在四百七十年前頑固而兼保守之社會乎？或疑：既云豁然頓悟，其術當非師授，而爲自己所發明者。但琴火重光有云「敢道無師自悟」，又云「苦海蒙師指點，迷津忽地回頭」，又云「盲師不信有眞傳，枉自遭他欺騙」，又云「莫怪盲師錯教，還憐自己愚蒙」。據以上詞句推之，明師盲師，皆大有人在，况玉峰序中引證辛酉年遇至人親傳口訣句，更可無疑。

嗜玄癡伯朱永　著
陳攖寧　校批

金火燈

金火燈序

朱凝伯先生者，文公十八世孫也。才高學博，骨傲氣豪。曾爲永昌刺史，淡然勢利，不樂趨附大僚，旋藉事棄官，留心玄蘊。歷窮方士之術，深窺大道之精，因作金火燈一書，縷晰條分，理明訣備，眞有道前人所未道、傳古人所未傳者。先生以「燈」名之，其三十三論，較之黃白鏡三十六照，更覺朗然。俾天下後世採煉之士，得是書而熟翫之，自不至如入無燈之室，暗摹妄索也。

旹大清同治癸酉孟秋萬春抱元子識

金火燈自序

未有天地先有道，有體道者乃有書。顧道以書傳，亦以書晦。上古丹書，旨遠辭奥，殊難通曉。漢晉之書，意義奇僻，尤難猝悟。唐宋元明諸仙，其文日趨於顯，然譬以常道之理，運以才人之筆，詩詞清麗，歌賦鮮妍，設象取譬，水月鏡花，而且各立門户，巧作名色，卽如水中金一物耳，隨意命名，多至一百四十有四。秘其製造之訣，而又異之以種種之名，能免後人之心神鶩亂乎？不得其門而入者，比比皆是也。

余寢食丹經三十年矣，知行交勵，不顧身家，兼棄爵禄，窮且益堅，誠格幽冥。金陳攖寧按「金」恐是「今」字始會其指歸，著論三十三首，簡樸無華，而闡所當闡，發所當發，千聖要旨，包舉靡遺，並非模糊影響語也。題曰「金火燈」，同志者可一以貫之，不至若予之矻矻窮年焉已。

大清雍正十三年端陽日新安嗜玄癡伯撰

金火燈

嗜玄癡伯朱永　著

易簡論

孔子繫易曰：「易簡而天下之理得矣。」今夫天之生物，人之生人，欲各使有形有氣有聲有色，宜如何其難且繁也。天不勞其力，人無所用其智巧，而生生不窮，形氣聲色無不各肖，又何如其易且簡也！我以爲丹道亦然，不外乎陰陽五行，不外乎生尅制化。雖有制戊死己、流戊就己、去戊存己，煉精化氣、煉氣化神、煉神還虛之次第，不過無中生有以成其始，有中取無以成其終，而大法遂已無餘矣。人謂非常之舉，必有非常之功。鈎深索隱，愈艱苦而愈遠，愈穿鑿而愈離。累月經年，迄無成就，乃以爲宇宙本無是事也，則化醇化生，亦幾乎息，豈其然哉！夫有物必有則，心與理融，事與法合，未有不易且簡者。假使天之生物，人之生人，必待委曲繁難爲之，無論日不暇給，且見天地父母之氣盡力竭，先就枯槁矣，尚何生育之有？陳攖寧按　此意言丹道至易至簡，決不繁難。若繁難，則不合乎造化之原理矣。

水火論

五行不可缺一，而所重則爲水火。水者，鉛也；火者，砂也。水中自有金，火中自有木，而土乃孕乎其内。蓋水之數一，其中之金爲四，則成五，此五之中，有精曰氣；火之數二，其中之木爲三，則成五，此五之中，有精曰神。神氣一交，靈苗立結，所謂「二五之精，妙合而凝」也。

鉛體屬陰，内有眞陽，曰嬰兒；砂體屬陽，内有眞陰，曰姹女。欲使嬰兒出現，須將姹女誘之。故投砂入鉛，則黑脱其袍，白昇於上，謂之抽坎，而有先天之一矣，是名死鉛。以此鉛死砂中之硫，謂之塡離，而一生二矣。以此硫死硃裏之汞，而二生三矣。汞死則點銅、開缺、脱皂、縮貨無所不可，所謂「三生萬物無休歇」也。**陳攖寧按** 投砂入鉛，黑脱白昇，謂之抽坎，是名死鉛。將此死鉛，再去死硫，謂之塡離。將此死硫，再去死汞，方可開點。

世間之凡銀，乃頑形濁質，並非能生物者。一雜先天藥物之中，則先天遂不清眞，而亦不能生物矣。所以大丹起手，只用水火，在水火中造出先天白金，方爲有一。**陳攖寧按** 大丹起手，只用水火，不要凡銀，只要白金。 一爲祖，又爲父，又稱萬物之母。經云「識得一，萬事畢」，以萬事莫不從一而始也。不明理者，舉火便要死砂。語之以「先死鉛」，非茫然不知所爲，卽譁然笑以爲迂。嗚呼！鉛不死而要死砂，是無父而望生子也！或將砒硫草木等物死砂，是驅禽獸與人交，而望其生人也，不亦可嗤之甚哉！

順逆論

無極而太極，太極而兩儀，兩儀而四象，順也；四象而兩儀，兩儀而太極，而無極，逆也。順則生人，逆則成丹，此就通體言之，當用逆法也。至其造端時，不在金中求水，而使水中生金；不在木中求火，而使火中生木。則以金中生水，乃後天之水；木中生火，乃後天之火。後天無變化，故逆取其先天。先天得，而左之右之，無不宜之矣。

白金者，水中之先天金，火中之先天木，交結而成之者也。有白金後，乃用順法。蓋白金能生神水，以神水制死砂火，曰神火。火旣神，而乾汞如風滅燈；汞實死，而開點如米炊飯。順風而呼，順流而下，無需乎智者之用其謀，强者之用其力也已。**陳攖寧按**　白金一物，乃水中之先天金，與火中之先天木，交結而成者。一得白金之後，則白金生神水。神水能制死砂火，曰神火。神火能乾汞，汞死能開點，毫不費力。

生殺論

陰符經云：「天發殺機，星辰隕伏；地發殺機，龍蛇起陸；人發殺機，天地反覆。」丹灶家但知以生爲生，而不知以殺爲生，宜其皓首無成也。

夫以生爲生者，後天之事也，所以日趨於凡者也；以殺爲生者，先天之理也，所以日進於聖者也。故河圖爲丹門之正宗，而洛書乃下手之先務，以其以殺爲生耳。

水土旺而金死，金死則金常存而生矣；火土旺而木死，木死則木常存而生矣；木旺而水土死，水土死則水土常存而生矣；金旺而火土死，火土死則火土常存而生矣。此所謂「害裏生恩」者也。

形氣論

至頑者形，至靈者氣；有盡者形，無盡者氣。天下古今無一物而不然者也。混沌分而輕清之氣上浮而成天之形，重濁之氣下沉而成地之形。天地皆氣之所成，則凡天之下、地之上者，何一非氣之所成乎？

姑就金石言之，地非金石質也，何由而產金石？卽曰地主受，天主施，其產由天之故。然而天亦非金石質也，何由而使地產金石耶？蓋天陽氣結而爲日，而眞陰蘊於其中；天之陰氣結而爲月，而眞陽蘊於其中。日月照臨，則陰陽眞氣注射於地，與地之陰陽眞氣，相搏相激，相摩相盪，而金石於是乎生焉。諸金中，惟鉛肖天之月；諸石中，惟砂肖天之日。聖祖取此二者而用之，亦但取其眞陰眞陽之氣而已矣。

鉛中有黃有白，砂中亦有黃有白。其始也，黃與黃交感，謂之金種金；白與白交感，謂之銀種銀。黃氣不能自立，附於白以成形，名曰坤辛，又名活水銀。**陳攖寧按** 黃白交感，黃不自立，附白成形，名活水銀。其色白亮，是爲眞鉛。

其繼也，眞鉛作鼎，水火交煉，白變爲黃，則名死庚，又謂死水銀。**陳攖寧按** 眞鉛作鼎，水火交煉，白變爲黃，名死水銀。其體輕鬆，是謂眞汞，且曰眞砂。

斯時鉛汞結爲刀圭，可令凡汞凡砂，聞氣而死，常存至寶。其砂汞並能投胎奪舍，令他物改形換質，盡成至寶。不過止此靈氣相爲變化耳。

浮沉論

金情重而沉，火性輕而浮，一炎上，一潤下。合不以法，交不以時，而求沉者變而爲浮，浮者變而爲沉，難矣。古人所以顛倒取之，逆順煉之也。以沉重壓輕浮，追金作用也。以輕浮吸沉重，採金作用也（陳攖寧按：追金則以沉重壓輕浮；採金則以輕浮吸沉重；）先既濟，後未濟，合體之法也；天應星，地應潮，交光之時也。金昇浮作離中汞，火降沉爲坎裏鉛，則大藥成焉矣。將藥乾汞，而月朗無煙之物出焉，則謂之丹。丹，沉者也。以此制輕浮而亦使之沉重，則天硫產於汞金中矣。

眞假論

戊己、鉛汞、天硫、眞土、黃芽、白雪俱有眞假，猶世俗所稱好人、通人，其中之等級各大不同也。

砂鉛氣結，而產出先天白寶，名曰戊土，卽名眞鉛。將此死硫，名曰己土，亦名眞鉛。而以死硫乾汞，亦名己土，亦名眞鉛。以汞死砂，砂脫龍衣，其子銀又名眞鉛，亦名眞汞。而起手時砂鉛氣結之白金，遂有稱之爲眞汞者。龍衣纔見眞天硫，又名眞土。而黃白鏡卽名始初造出之黃藥爲天硫，爲眞土，爐火第三子號黃芽，神丹至九年而有白雪。及水心篇云：「己汞始死稱白雪，硃硫初結卽黃芽。」陳自得先生稱蔗色之金英爲黃芽。彭太華先生以造戊土之金胎爲黃芽，且稱未成寶之白粉爲白雪。（陳攖寧按：眞鉛，白金、死硫、乾汞、子銀、戊土；眞汞，子銀、白金、己土；眞土，龍衣、黃藥、天硫。）

蓋丹道以漸而入聖，俱屬由假而得眞，故名雖同而實則異也。若不洞明其高下次第，則心胸眩惑，作爲亦必至於乖違矣。

聚散論

天晥爲乾汞之聖藥，先欲其聚，後欲其散。陳攖寧按 造天晥法，先聚後散。不聚則無形，不散則無神。眞火遇金則伏，故每歲三伏，皆始於庚。

仙師觀天之道，以三次水金，擒砂換體，而難聚者聚矣。陳攖寧按 三次水金，擒砂換體。然有形未有神也。其所以未有神者，陰錮之也。陰盡則自散，而形化爲神焉。陳攖寧按 陰盡則散，形化爲神。猶内修之以金制火，結胎養煉，身外有身，面壁九年，虛空粉碎，卽本來之五官百體，亦聚成形而散成氣也。世人以生砂栽種水鉛之内，求其結胎，縱或堅固成團，而汞體鉛質，混雜交固。程古癡云：「胎中帶得毛病，到後分胎不出，此所以無超凡出世之天晥也。」陳攖寧按 此言生砂栽種水鉛之内，爲有毛病。

古聖之取火，先去其木，而採金時又不使之啗水，則胎本無陰，煅煉易燥。燥極則不假人爲，自然返粉而形神俱妙焉矣。陳攖寧按 取火先去木，採金不使之啗水，則易燥返粉。

庚辛論

經云：「庚金不與辛金合，費盡家財枉勞心。」夫所謂辛金者，壬水與丁火妙合而結成之形也；若夫庚金，神水與神火妙合而露出之色也。

辛金雖有質而有氣，庚金則有氣而無質。以潔白晃耀之辛金，用作鼎器，紅黑間投，謂之「朱雀炎空飛下來，摧折羽毛頭與脚」，又謂「朱雀奮翼火燒空，眞鉛海底金光噴」，又云「玄關一竅種流珠，拍手呵呵眞至妙」，又云「太陽移在月明中」，又謂「朱雀投江」，又云「陰殼含陽花」。白變爲黃，則「水還黃液金精結，火吐紅璃木氣融」，乃可以云庚辛合一。砂見之而立死，汞見之而立乾矣。

其初造辛時，賴有庚金結撰，故黃倡而白隨，蓋無庚攢不出辛也。然既成白寶，則名辛金耳。**陳攖寧按** 此屬追金作用。其後取庚金時，實以辛金誘會，故白吞而黃吐，蓋無辛收不住庚也。**陳攖寧按** 此屬採金作用。然既成黃輿，則但名庚金耳。

太上金穀歌云：「庚爲表，辛爲裏。」不刊之論歟。

爐鼎論

金穀歌云：「此藥無爐只有鼎。」爐非貯炭之具，鼎非磁鐵等鑽也。爐乃是藥，其種子則爲鼎。一鼎化爲千萬鼎，而藥不與焉，故曰「無爐只有鼎」也。

可作鼎器者有三：最上山澤，其中半金半水，三池採煉，便立丹基；次則鉛中有銀液，以砂攪成一塊，騰出潔白之寶，謂之造成山澤；再次則洗淨凡銀，配對聖材，陰池煉形養氣謂之鉛煉母，陽池感氣吞精謂之母煉鉛，二九功完，就中昇出之靈芽，雖未成寶，實是養砂妙藥。漁莊錄、秋日中天、洞天秘典、黃白破愚、金丹直指、琴火重光、承志錄等書，其法大同小異，然揔不以庶母爲眞母也。

學者誤解「鉛煉凡銀作藥王」之句，屢將銀鉛同煎，鴻濛退火，投既發鬆，號爲酥母，養砂煎銀，詡詡自得，而不悟其即所盜之凡銀也。勞力費財，終歸無益，可悲也夫。

老嫩論

嫩則無藥，老則氣散，採金之貴及時也。夫人而知之矣，外此則無一不貴乎老焉。以造既論，進陽退陰，歷遍諸辰，非三進三退而遂止也。黃白鏡照火符云「周而復始，始而復終」，其照清眞云「砂中黃晥，不可令其存性。若有纖毫生意，終屬凡質，難以通靈」，其照點化云「黃晥實死，纔能點得水銀，而成金丹」；竹泉陳仙云「大都兩物精神老，能使貧家作富家」；彭太華云「兩物直須齊耄耋，刀圭次第蔭兒孫」：則知二土之寧老毋嫩矣。

初子出世，制度多端，二子三子，亦極周至。蓋恐工夫稍欠，卽不免於細褪也。古人云：「假爲君家心太急，金丹大藥恐難成。」可不愼歟！

橐籥論

道德經云「天地之間，其猶橐籥乎」，蓋指陰陽呼吸而言也；參同契謂「牝牡四卦，以爲橐籥」，觀吾陳師註云「橐屬坤，籥屬乾，動闢動直，小往大來」，蓋指眞氣流注而言也。則修煉外丹，可但營心於鞴囊氣管乎？砂鉛爲陰陽，其中又各有陰陽。以陽中之眞陰，激發陰中之眞陽（陳攖寧按：眞陰激發眞陽），片晌之間，眞人出現。斯時龍呼虎吸，虎呼龍吸，如橐籥然。爰結黍珠，藉爲造端托始之物。池池鉛晥顚倒，金火相乘，彼此吐啗，互滋互益，猶內丹之「一粒復一粒，從微而至著」，卽附餘詩所云「微微騰到純陽體，橐籥機關莫亂言」者也。若但以鞴囊氣管爲橐籥，失其旨矣。

攢鉛論

陳攖寧按　此篇乃起手追金之要訣。

木載金浮，去癸留壬，自古丹書皆言之，遊方術士皆道之，及至臨爐，則且無法以使之浮，而又何法以使之留也哉！紫陽眞人云：「池中先立地中天，用鉛澆淋厚且堅。」砂在下，鉛在上，不令合體，但使交光，猛烹極煉，火氣昇騰，金卽湧躍奮迅而出，池中潮湧，若微風吹水浪焉，攀轅乏術，立化雲煙耳。惟及時以法留之，俾上浮者返而下沉，再上則再下之，循環旋轉，狀若河車。爻珠累積，金火相滋，癸水盡成爐底，而存於池面者，乃壬金矣。五百七十六兩陳攖寧按　五百七十六兩卽是三十六觔，攢簇僅存半觔，然後投晄合體陳攖寧按　不曰「投砂」，而曰「投晄」，必有制作，恐不是投生砂，吸取精華，煅作紫粉，斯爲乾汞死砂之至藥也。

採金論

丹雖金火並重，而不先取金，斷無別物以制火。先聖所以重採金也。採金歌誰不熟讀？而造晄者不槪見。一在乎無金而遽欲採之，一在乎有金而不善煉之耳。

買得凡鉛，卽付灰池煎煉，紅黃氣濃，以砂投於其面，謂已吸金。豈知未投砂之前，鉛乃寡鉛也；既投砂之後，鉛仍寡鉛也。陳攖寧按　此言砂投鉛面之法不好。蓋砂中之液，遇熱卽飛，安能制玄武以擒朱雀哉？此無金而遽欲採之病也。卽知木火以追金矣，而金鉛又入池中烹煉之時陳攖寧按　據此二句，則是用木火將金追出，取起後，第二次又將此金放入池中，方行採金之法，或一陽未來，或三陽已過，砂鉛雖合，斷不結胎。此有金而不善採之病也。

認得西方金佛祖，陽烏啣出價如珠，其在「五色雲中月弄影」之候乎？至於晥珠既死，賴母乳哺，亦猶採金之義。漁莊錄云「浮沉誰識眞鉛體，開闔忙鋪得氣砂」，此眞鉛謂眞金也。眞金浮於母面，而以未成寶之死晥汞吸之，三次啗血，體老形堅，較之灰缸溫養者，功效獨捷。天台老人之伏氣，亦斯之謂歟。

火候論

藥物、配合、火候，此三者修煉之綱領也。而仙人傳藥不傳火，非不欲傳，不可傳耳。蓋藥中有內火，爐中有外火，察內火而行其外火，乃謂之候。開煉者尚有花色之可觀，封煉者一無所見，是在乎因時制宜，意想默會，變而通之，神明而用之。使拘成說，何異膠柱而鼓琴哉？故火記六百篇，亦不能盡其奧，而髯癡道人謂「銖銖兩兩是愚人」也。

要而言之，火有上有下，有淺有深，有遠有近，有重有輕。藥生時，宜上、宜淺、宜遠、宜輕； 藥熟時，宜下、宜深、宜近、宜重。當文而武，則所謂「冥寞重泉吾欲死，六丁逼我走陽關」也； 當武而文，則所謂「寂寞洞房春信隔，翠被生寒眠不得」也。先用文以伏其性，後用武以絕其命，此爲至當不易之語。諺云：「火小再養，火大莫想，寧過其期，勿失之躁。」至若明爐煎煉，但可行之於實死之丹，而不可行之於實死之藥，前哲俱未顯言。後人輕用明爐，而廢藥者不可勝數也。**陳攖寧按** 實死之藥，不可用明爐煎煉。若用明爐，必至廢藥。

更當知者，藥有昇降，而昇降則必以時也； 藥有去取，而去取則必以時也。或視乎其體，或視乎其色，恰當其可謂，亦云火候也。

若夫內丹，則有五千四八之首經，有每月金水之六候，皆在眞師之傳授焉耳。

黃婆論

孤修獨坐之黃婆，一己之意也； 坎離顛倒之黃婆，兩家之意也。以外事言之，砂鉛中各自有黃婆，二氣結成之白金亦曰黃婆，而爐火則更以煉黃之凡銀爲黃婆也。**陳攖寧按** 黃婆，（一）二氣結成之白金； （二）煉黃之凡銀。

砂汞初結靈胎，未能住世，欲其體堅成寶，全賴先天金氣。但嫩胎不可以見水鉛，合煉則胎化，薰蒸則盜陰，故仙師借凡銀爲庶母，收攝鉛中之金而吐於胎内，謂之乳哺。陳攖寧按　借凡銀爲庶母，收攝鉛中金氣，而吐於胎内，是謂乳哺。若母不黄，則乳娘無乳，將何以益其子而作其骨乎？必使之黄，方能傳遞消息，故亦稱爲黄婆。然黄之者，鉛中之金；而所以黄者，不僅在乎鉛中之金也。月不得日則無光，金不得火則不黄，而又非以凡鉛煎之、生砂薰之也。始同聖材久煉，消其陰而使成戊土，繼同死汞互烹，煉其陽而使成己土，則銀亦體凝金液，色暈紫霞，而似紅綾餅矣。此之謂「三家同成正果」也。陳攖寧按　據此則知凡銀必須煉過，方可作庶母。然決不可用凡鉛生砂合銀同煉，必須先同鉛金合煉，以成戊土，後同死汞互烹，以成己土。二土既成，而凡銀亦隨之而入聖矣。

細翫琴火重光、承志録，餘書可以類推矣。

雜類論

生初只有天地，生人只有父母，禽獸蟲魚之孕育，不過雌雄牝牡，則大道於砂鉛之外，豈有别物哉！

藥既靈聖，而後六神可以伏屍，八石於焉聽令，非起首時事也。或以倭鉛代砂，南北交姤，明火候，善攢簇，亦可造白金以死砂汞，不得以雜類目之。有將砒、硫、雄、硇製長生匱者，汞亦可乾，但成寶不免細褪，此則神人共忿之茅法也。**陳攖寧按** 按「細褪」二字之意，蓋成寶後，不堪煎煉，經過一次煎煉，卽要減少其重量也。

戊子冬，余計偕入都，有同袍教作砒匱，不五旬而白鑼果出，謂後此可常繼，且爲欲遞速，馴至朝種暮收，不必苦誦丹經也。余恐或有損壞，屢煎試之，每次十存其九，而色紋如故。雖不敢以分厘害人，猶意其事可爲，特法有未備耳。於是卑禮厚幣以求備其法者十餘載，遇人甚多，取造雜匱甚夥，究無一全美者。乃盡棄之，而專肆力於砂鉛。方外之士，視余家爲利藪，絡繹奔赴，七載而貲竭，獨自勵志於書，廣稽博考，温故知新。時以承乏一郡，公私不能兼營，以計旋里而致力焉。寒暑無間，寢食俱忘，循其所當然，原其所以然，理明而火候難於中竅。苦試數年，神明若告，而益見大道之愈於雜類萬萬也。

夫騙財者必以速效近身，受欺者每以速效墮計，抑知雜類似易成，成則必有病。縱治其病，斷不開點。苟砂鉛得訣，則期月之功，一勞永逸，似遲而實速也。人何役役於小法哉！

金精陽氣論

金精與陽氣，一而二、二而一者也。

金蘊於鉛，爲陰中之陽氣，及被凡銀招攝，卽名金精。以汞入黃母之中，封養打昇，盜奪其所招之金氣，則謂之烹；隨以砂入金汞之中，封養打昇，吸收其所盜之金氣，則謂之煉。**陳攖寧按** 水銀烹金精，硃砂煉陽氣。蓋水銀須烹之以金精，硃砂須煉之以陽氣也。所以然者，因砂中有木有火，木敗於水土，而胎於酉金；火敗於卯木，而胎於水土。陽氣者，鉛中壬水戊土也，又爲凡銀招攝而成金精，乃吐入水銀之內，則此水銀爲有金有水土之木矣。以此抱煮硃砂，則火木俱敗，火木俱胎，而後以午火凝其質，酉金堅其體，有不骨肉胥成者乎？

夢覺道人十七照中，較此論稍異，亦各行其見而矣。

陽火陰符論

進陽退陰，制晄以造土之作用也。水中發火名陽火，以黃庶母抱養初死之晄，謂之進陽；砂中之火曰陰火，以生黃晄拌養初死之晄，謂之退陰。進陰火以符合陽火而使晄乾鬆也。**陳攖寧按** 生黃晄不知何物。進一陽以象震，進二陽以象兌，進三陽以象乾；進一陰以象巽，進二陰以象艮，進三陰以象坤。交互反覆，歷遍諸辰，每行進火，三日，六次，共二百一十六時。**陳攖寧按** 二百一十六時乃是十八日，蓋每次三日，六次共十八日也。使硫盡成紫粉，無纖毫生意，拈粘紅炭，不起微煙，方止。玄癡生之「九九更烹煉」，太華山人謂「九九烹來轉轉靈」，同一義也。

聖灰神火論

方士取煉凡銀銀鉛銷與生砂同爲細末，文火炒枯，謂之聖灰；將生砂研末，加火硝薰昇黃硫，謂之神火。何謬妄之甚也！夫曰聖曰神，俱超凡離俗之物。聖灰者，如粉如塵，脱然無累之死天硫也。經云：「聖胎聖灰不可缺。」聖胎係實死眞金，則聖灰豈非實死眞火乎？生砂中有丁火丙火，無神火也。丁壬結形成寶，鉛硫投煉而變爲黃，其中之火乃神火矣。猶生鉛但有壬水癸水，既成白金，其中方有神水耳。神水招攝而死之火爲神火，而究不能取出神火而見之也。**陳攖寧按** 神火不可見。以炒枯者爲聖灰，薰昇者爲神火，安有不傷財曠日哉！

先後分合論

兵家有分合，丹家亦有分合。當分時不可使之合，而當合時不可使之分。

硃砂中有水銀、黃硫、砂皮三種。起初造藥，斷斷不可令合；及藥就而養粒砂，又斷斷不可令分。陳攖寧按　起初造藥，則木火先分而後合；　藥成養砂，則木火先合而後分。李晦卿先生云：「豈有一黑鉛而能令水銀、黃硫、砂皮一並全死之理？」蓋鉛内之水，尅火而生木。若以之養砂，則生尅分用，其力不專。且水生木以生火，火其可得而死耶？　仙師所以取硫而去汞也。陳攖寧按　造藥之初，取硫去汞。　迨硫受制於水，然後將汞敗之，所謂「取出砂中汞，還將汞補砂」也。既未三十六時，而硫熖絶滅。陳攖寧按　硫既受制於水，然後又用汞敗之。　漁莊録云「水火烹調三晝夜，方知此着妙如神」，非此之謂歟？

粒砂之衣，玄元火也；　其中之汞，龍雷火也。　河車一破，將何以爲雙生聖嗣之地乎？　惟溫溫靜養，俟砂體露出黃金之色，則玄元既死，龍雷不能奔逸，乃漸加火，使丙成土而丁成金，纔行脱衣養煉之法。　輕羅爲天硫，子銀爲仙母，彼此相資，而化育無窮焉。陳攖寧按　養砂之初，溫溫靜養，俟砂體露出黃金之色，乃漸加火，使丙成土而丁成金。　然後又用脱衣養煉之法，則所脱之衣爲天硫，而分出之子銀爲仙母。

造藥，則木火先分而後合；　養砂，則木火先合而後分。　此歷聖之心傳，而未嘗明示其所以然之故也。

追魂插骨論

天魂地魄，言之各殊。有指鉛爲魂而砂爲魄者，有指砂爲魂而鉛爲魄者。以余論之，則砂鉛中各有魂魄，亦如男女之各自有魂魄焉。

鉛内之黃金爲魂，白金爲魄；砂中之丙火爲魂，丁火爲魄。追魂者，追砂鉛之魂，而入凡銀之内也。砂汞成胎，有魄無魂，猶嬰兒之在母腹時也。魂入於魄，則嬰兒產，以收金火之氣，庶母乳新胎，則白寶方結。三收三乳，結者堅焉，堅者完焉，猶嬰兒之骨肉堅强，故名插骨。**陳攖寧按** 據此，則煉凡銀變成黃色庶母，名曰追魂；再以黃庶母乳哺新胎，使新胎結成白寶，名曰插骨。養道策云：「更有陰陽池秘訣，追魂插骨妙如神。」在開煉之陽池中，簇金火於銀内；在封煉之陰池中，吐金火於胎内。但非初下手之事。故三山師謂「追魂插骨兩池銀」，此是丹成後事也。

至若漁莊先生、祝雲鶴及靈陽子、雷一陽、陳竹泉、吳國士、彭紫玄諸仙之造藥，將凡銀對配聖材，生寅庫戌，薰取戊土，亦曰追魂。承志錄長子脱胎，制成仙母，又同聖材封養半月，寒聲玉漏，昇出靈英，亦曰追魂；子銀歸根復命，又與聖晥合煉一日，使之剛脆，亦曰插骨。均當詳考而備誌之。

薰取戊土時，亦有陰陽池，但作用不同。其陽池之開煉，不過洗盡銀中所吸之癸水，爲時無幾；其陰池之封煉，則將潔白起獅頭之銀，再配聖材而吸其癸水，須要九時，所以漁莊錄云「陽池只在片時間，入了陰池不等閒」也。沖虛道人云：「陽池三翻，各分爻投煉九次，爲造土天曉而然。」此樂仙師之陽池九次，各配火封煉九時，欲其吞精感氣而然，又不可一例而論耳。

築基煉己論

漁莊錄云：「築基煉己與沐浴，超脱過關與過渡；般般都會纔煉丹，若還不會休自誤。」夫築基者，造藥之始功也；而煉己者，築基之始功也。

內丹先築基而後煉己，外丹先煉己而後築基。以水伏砂飛揚之性，制成堅老聖材，謂之煉己陳攖寧按　以水伏砂，制成堅老聖材，謂之煉己；看火候而攢出白金，謂之築基。此金雖係汞寶，其實鉛金作主，故福塘陳仙云「認得半觔餅，喚做水中金」也。餅作鼎器，加鉛四觔煎之，以爲採金造曉之池，即越松道人所謂「七十二數，合金水同宮之妙」也。陳攖寧按　鉛四觔，共六十四兩，再加白金八兩，則七十二兩也。

未通玄者，泥定煉己在築基之後，盍思不先煉己，則基且無由而築。而祝仙謂「六十四兩，乃四九鉛中之機」，其何所指耶？要之追金卽是煉己，己煉纔可築基；有基而後採金，採金始可滅硫；硫死方能乾汞，汞死乃云得丹。**陳攖寧按** 追金卽是煉己，攅出白金卽是築基。採金，滅硫，乾汞，得丹。執此說以博考羣經，何一非若合符節者哉！

卯酉沐浴論

內外二丹，大畧相同，惟沐浴則有異。

內丹之沐浴，不進陽、不退陰耳。卯月之卯時，酉月之酉時，法當防危慮險，故須安靜停爐，不使金木太旺，傷損嫩胎，以致風雷忽動而已。

外丹之沐浴，則如有藥物存焉。火敗於木，故造藥時以水銀**陳攖寧按** 卯烹硫，養子時以水銀**陳攖寧按** 卯烹砂，皆所以去其垢而絕其焰也。**陳攖寧按** 造藥時以水銀烹硫，養子時以水銀烹砂。火死於金，故硫伏後以黃母**陳攖寧按** 酉煉陽，砂熟後以黃母**陳攖寧按** 酉乳哺，皆所以堅其形而足其神也。**陳攖寧按** 硫伏後以黃母煉陽，砂熟後以黃母乳哺。卯木酉金，先後節制，非此則硫與砂俱不成眞，沐浴之爲功鉅矣哉！

汞超砂脱論

內丹至虛空粉碎，方爲煉神還虛。終南道人云：「汞死必超，超則不止於伏火；砂死必脱，脱則不止於去皮。」既云「不止」二字，其意亦在乎煉神還虛而已矣。

仙家不論內外，俱以精氣神爲三寶，最重在神，而形非所貴也。蓋形爲魄，神爲魂，魂與魄不相入，投胎奪舍，惟魂之功。故起初造藥，先須投魂結魄；砂汞既死，又須化魄成魂。若汞死而止於伏火，砂死而止於去皮，猶然形耳。

清眞論云：「昇藥爲第三策，取眞氣以離形也。」超者，紛紛白雪滿晴空；脱者，滾滾紅塵瀰法界耳。范堯夫云：「接至清眞不受煎，自然點化無休歇。」不受煎者，見火難化也。是可以悟超脱之法也。

過關過渡論

砂汞必須實死，方能變化，而不過關過渡，雖死究不免於返還也。返還則有細褪之病，且無生育之功。經云：「硃砂不過關，如隔萬重山；水銀不過度，神仙迷了路。」其所係不甚重乎？

范堯夫云：「過關全賴周天火，過度須尋渡海船。」夫周天之火，非特將砂空煉也；渡海之船，非於同類外別有寶筏也。砂熟脱胎，其龍衣再見嫡庶二母，則成聖吭。其子銀亦再將二母蓋煉過，還歸老祖之爐，則成眞鉛。乃復將靈吭、眞鉛，同封入鑽，武煉十二時，魂魄互相制伏，卽云吭過關而汞過渡，均可作長生湧泉匱矣。

若夫吭所乾出之汞，乳哺後，再與死吭合煉，一日，亦猶過渡之義焉。然此皆三轉以前之事，而不概施於四子後也。

三家相見論

以鉛、汞、土爲三家，由來久矣。夫鉛含戊，汞含己，可知土不能離鉛汞而自成一物也。起首先攢鉛，謂之製戊，將此鉛死砂，則流戊以就己，而無戊矣；己成雖是土，則稱之爲土，而又無己矣。故勸莫吟云：「三家原是兩家物，兩家須將並一家。」丹經混云「鉛汞土三家相見」。余恐後學之泥於相見而多誤也，嘗統諸書而會通之，且原始要終而計之，則所謂三家相見者，蓋有五焉。

其初也，水火成團，白金立體，猶內丹之坎離交，而經營養鄞鄂也。採之以吭，則龍虎入汞，而三元聚於一堂。

其繼也，男女同衾，紅顏懷孕，猶内丹之乾坤交，而凝神以成軀也。乳之以銀，則金火作骨，而三才彙於一室。

至於銀鋪池底，土中隔宫，砂安土内，此三丰祖師養砂之法也。銀﨔與汞共和匀，送歸土釜牢封固，此漁莊先生乾汞之法也。實死之天﨔，成寶之水銀，乳過新胎之庶母，同養七日，此慈烏反哺之法也。五者均謂之三家相見而已矣。

成寶點化論

黄白破愚云：「神仙之道，不成寶不足以爲指歸，不點化不足以爲至道。」迂儒見説開點，竊竊然驚，更紛紛然疑而議之也。抑知天下之物，或觸草木，或感金石，頃刻變色换形者，不可枚舉，豈其遇丹藥則不然？

列仙傳云仙猶人耳。何以人有死而仙不死，人無變化而仙能變化哉？神仙無種，天又未嘗生而使仙，内修得道之外，其服藥而成仙者，亦止服此金火之靈氣耳。藥尚可以使人變凡爲聖，而況於五金八石耶？砒、硫、磠、膽、雄、雌等，沾藥之氣，尚能轉使他物變銀變金，而況靈藥耶？特慮砂汞不先成寶，則諸事俱屬虚化，一成寶而開點可以計日而待矣。

蓋大丹之節次有五：一追金以築基，二採金以滅晄，三乾汞以成寶，四養砂而轉接，五點化而生生不竭焉。**陳攖寧按** 追金、採金、乾汞、養砂、點化。點化者，不過使現成之物變色換形耳，較之無中生有，孰難孰易？論作法云「只怕不清眞，不怕不開點」，而又何驚何疑也哉！

神丹爐火論

夫道一而已矣，何神丹有二十四品、爐火有七十二家乎？蓋明理得訣之後，可以另闢乾坤、別開生面，猶工書畫文辭者，始而摹倣前人，後則自成一家。此事之常，無可疑者。獨神丹之所以爲神丹，爐火之所以爲爐火，其同異不可以不辨。

同者，起手之必用先天白金是也**陳攖寧按** 起手必用先天白金。以白金死砂**陳攖寧按** 白金死砂，其砂有肉而未有骨。譬之初產嬰兒，雖經烈火，須將黃庶母以乳哺之**陳攖寧按** 砂死再以黃庶母養之成寶，使之氣足體堅，方能成寶。以成寶之砂乾汞**陳攖寧按** 以成寶之砂乾汞，復以死汞養砂**陳攖寧按** 以死汞養砂，一砂一汞爲一轉**陳攖寧按** 一砂一汞爲一轉，接至三轉爲三胎，此時黃銀白金俱置不用**陳攖寧按** 三轉後黃銀白金俱不用。經云：「轉制分胎三次後，却嫌祖宗是囂塵。」蓋爲此也。只用砂汞變化，脱去銀鉛，藥便清眞，便能點化。六子出而陽極陰生，砂汞返還，再用黄銀白金一次，雙金並伐，則七八九子俱不返還。或鑄聚寶盆，或養金剛子，而大局於是結穴，此爐火之做手也。

若夫神丹，則自始至終，不用凡銀。且自始至終，不脱水鉛。以水鉛中之金氣，乃是長生之藥，故先天白金爲鼎器，而以得水之琉，得火之鉛，分爻銖，辨玄白，交互間投，至二百四十三池，名一鼎，服之可以延年；至四百八十六池，名二鼎，服之可以長生；至七百二十九池，名三鼎，服之可以沖舉。雖數歲之中，分支點化，不可勝窮，而所重只在服食。經云：「重濁點金堆泰山，輕清服餌作神仙。」蓋謂此也。九年白雪，十二神符，則刀圭一入口，白日生羽翰。許旌陽四十九人同時上昇，載籍可考。鍾吕二祖云：「雞飧雀食皆成鳳，蛇嚥魚吞盡化龍。」諒不誣也。此神丹之做手也。

或云爐火至九轉之後，封藥沉井，浸去火毒，服之亦可延年長生。則漁莊公傳道於范文正公，而堯夫先生家其學，何諸君之不至今存也？

内外同揆論

宇宙之有天地，人之有男女，物之有砂鉛，一也。至於人之有心腎，猶天地之有日月耳。天豈有日月而可以無地乎哉？ 則知人豈有心腎而可以不別求他助哉！ 姑不具論，但卽內外之事理言之。

外丹以金石之物，鎔之於爐冶； 內丹則取身中之藥物，而煉之以心意： 其事大不相侔矣，然其理則無毫髮之殊。 外丹貴氣以成形，內丹亦貴氣以成形； 外丹貴取先天氣，內丹亦貴取先天氣也。 外丹之先天氣在乎鉛中，內丹之先天氣在彼腎中。 鉛中之先天氣，不投之木火則不現； 腎中之先天氣，不注之以心火則不出。 木載金浮，黑中取白，以此息火，謂之抽鉛塡離。 外丹之初下手則然，火既息而「龍虎同入汞，癸水自分開」，則汞死，汞死而外丹成矣； 神既凝而「乾坤交姤罷，一點落黃庭」，則心死，心死而內丹成矣。 外丹成而點金化石，內丹成而出神分身，皆自然之明效大驗也。 雖然爐火而外，更有神丹，玉液既成，更有金液，有志者，毋得半而自足焉，其庶幾乎。

李晦卿先生註悟眞篇，於「教人煉汞鉛」之句，別出妙解，與從前各家之註迥異。 其接命築基，簡易便捷。 余推其義以造天晼，神妙莫測，減日省財，諸書未有，乃愈信內外兩丹事殊理一，慧心竟可令前賢畏後生也。

天人感應論

謀事在人，成事在天。世間些小富貴，尚不能以自主，而况取無窮之利、享無窮之福哉！彭太華云：「欲覔丹財爲道助，須修德行與天齊。」則知求道之士，非僅斤斤自好、煦煦小惠而已也。許眞君眞忠至孝，諶母元君以孝弟明王之道授之，而其令旌陽也。埋金於地，全活久旱之民；投藥於井，解救四方之疫；棄官而斬孽龍，功滿而登紫府：是可以爲求道者之典型也。蓋必敦倫以厚其本，而又推之於仁民愛物，刻刻以利濟爲心，汲汲以救度爲念，培養此心，與天地相似。而且下韋編三絕之功，求萬殊一貫之旨。勿貪小效近功，而作損人之事；勿因顛躓挫折，而萌退悔之心。自然誠格彼蒼，神遊碧落。一旦豁然，功成返掌耳。或曰天人感應，理固然也。然苟道法眞，師傳的，則機權在手，不已任我作天仙乎？果爾是天下有違天而得道者矣。一夜雷轟八百家，能無畏歟！

言理不言論訣

道也者，理以明之，訣以成之也。古聖不言訣，而詳言其理者，救世之婆心也；古聖詳言理，而不詳言訣者，愛世之苦心也。何則？性命之道，非有大力不成，故藉外丹爲内修之助。使並其理而秘之，則斯道泯滅，內修無所倚賴，古聖其愀然矣。財能生人，亦能殺人，是道也，雖奪天地之造化，而一得眞訣，如鷹攫兔。假使血氣未定、志行未純之時，於焉輒就，保無有蕩其心而戕其身者乎？保無有越於禮而害於家者乎？且比屋而修，則士棄詩書，工廢操作，農也懸耒而嬉，女也投杼而臥，商旅不行闤闠之市，而衣者食者，凡所資以利其用者，皆無從而取給焉，其流弊可勝道哉？惟秘其訣，以俟篤信好學者之自悟，則畏難者各安其業。間有百折不回之士，必至苦心志，勞筋骨，餓體膚，少年剛銳之氣，喜功好大之情，消磨殆盡，然後潛啟默佑，酬其數十年之辛勤，俾得安然雙修其性命，此仙師之所以深愛之也。夫是之謂苦心也，亦適善全其婆心而已矣。

陳攖寧按　世人妄謂東方點金術不成，遂變而爲西方之化學，此乃局外人之言。誰知其中有不成而謬說已成以騙人，如江湖方士者；亦有已成而仍說不成以自晦，如道門高士者。外丹書，有眞者，有假者，有半眞半假者；有上等訣，有中等訣，有下等訣，更有不成其爲訣而自命得眞訣者。煙幕重重，普通之科學家，誠無從問津也。請觀此論，卽知古人所以隱秘不傳之理由。

傳賢不傳子論

官天下，家天下，聖人非有成心也，亦視乎其賢焉耳。大道非天下比，而擇人則無異。

張紫陽未成道時，急求外護，而取友不端，三遭譴責。內事且然，況於外事乎？陳攖寧按 人情之喜外也，更甚於內。其未得而求傳，莫不指天日、出肺肝，誓守玄律、不背師訓；一授訣，而權即操之於彼矣，或矜名，或炫能，或尚意氣，或溺親愛，或施濟而動猜疑，或放恣而干罪戾。究所從來，玉石俱焚。嗚呼！可不懼哉！然道成之後，類不肯洩，以無所求於人也。惟歷盡艱辛，幸得眞訣之後，有法無財，難以獨造，則安危禍福之關在乎此矣。子啼饑而妻號寒，情不容以恝視也；去日多而來日少，勢不能以久待也。急欲一試其技，而擇侶不得其人，安未幾而危繼之，受福小而得禍烈。雖泣血痛悔，夫何及乎？

按 外事，即點金術，乃丹道中專門名詞。

古仙云：「享道更難於成道，擇弟更難於尋師。」信哉！天下之親，莫父子若也。苟不至德，不世其家。有道之士，其亦可以深長思矣。

陳攖寧按 何人爲賢，何人非賢，若不經過長時期之審察，決難斷定，甚至有終身相交，結果仍自悔無知人之明者，此論所云「擇弟更難於尋師」，確是實情。若問如何資格方爲載道之器，頗不易言。倘能得英雄氣魄與菩薩心腸兼而有之者，最合資格；不得已而思其次，亦要當得起「君子人」三個字的名稱，否則恐於仙道無緣矣。或問：果如此者，豈不違背普渡之意？答曰：仙學與宗教不同，只能接引上智，若彼老氏三寶、孔門八德、佛教五戒、耶教十誡等，方能普渡耳。

後跋

丹固實有其事，然而斷不可輕爲。經云：「德如聖人，福似天子，纔享神仙俸祿。」是可知其非易易也。又云：「毫髮差錯不成丹。」故非眞師口傳手授，縱聰明過顏閔，難以意想測度。而既係眞師，則入山惟恐不深，尚何求於人世，以大道無端示人也哉！惟有法無財之士，不得不藉有力者以相與有求。但其人代不數覯，且擇友甚嚴，更善韜晦。彼蓄奸行騙者，則巧言如簧皆是。以不多有之人，守其不苟合之志，而又亂之以易於傾信之流，非天假奇緣，難以倖遇。卽遇焉，而不具非常之識，往往覿面失之。夫是不得眞傳，胡行妄作，廢時失業，破家蕩產，妻子嫌，親友笑，追悔焉而已，無及者指不勝屈也。士農工商，何事不可資生？不輕想非分，反至失其固有，抑獨何歟？

自記

嗜玄癡伯者，極乎癡之量者也。自幼性好善，每爲人而忘己。竊有笑其爲癡者。及入玄門，尤以博濟爲己任。頻舉數敗，絕無退悔。爲蠹魚，爲燧人，三十年寒暑無間，癡矣。好爵不縻，家道日落，甚至棄其安宅，而心堅如故，抑又癡矣。知塵世之無眞師，欲親見呂祖求道，毅然吞水銀十四兩，家人環向而哭，親朋驚惶，鄰里駭異，獨恬然相視而嬉，謂「朝聞道夕死可矣」，乃半月而水銀盡出，精神加旺，洞悉水中作法，此則癡之不可及者也。

春林撫掌告余曰：「萬法歸一，覺今是而昨非矣。以死鉛爲先務，以死汞爲實功，中間用黃硫採金，作渡河之筏。其節次一一試驗。」余如好賭者，技精而貲竭。惜爾亦在涸轍中也。立論一帙，簡當明快，誠爲金火之燈。昔竹泉陳仙，窮極悟道，著書以覓外護。有云：「如今貧苦須憂，且待機緣輻輳。」金火燈之作，亦猶是歟！

雖然，主之者天，成必以時，癡伯惟靜俟之已耳，可庸心於其間哉！